丸木舟（縄文時代後期） 鳥取市桂見遺跡　　鳥取県埋蔵文化財センター提供

丸木舟（縄文時代晩期） 静岡市大谷川(おおやがわ)遺跡　　静岡県埋蔵文化財調査研究所提供

刳り船から箱船へ

わが国での丸木舟のもっとも古い例は，縄文時代前期例として福井県鳥浜貝塚のものが知られている。丸太を半截して，それを石斧でえぐったり，火で焼きながら掘りくぼめていった。鉄斧使用の段階になると，刳り船の台船の上に複数材を組み合わせた箱形の準構造船が出現するようになった。

構　成／工楽善通

準構造船の舷側板（弥生時代中期）　静岡市瀬名(せな)遺跡
静岡県埋蔵文化財調査研究所提供

漆塗り長方形容器（弥生時代Ⅰ期）
佐賀県牛津町生立ケ里遺跡
牛津町教育委員会提供

木工と漆

木塊をえぐり込んで容器を作る歴史は古く，すでに縄文時代前期に皿や鉢類がある。そして，樹種の選択や，器物の形と用途によって，作るべき物を木目と平行にとるか直角方向にとるかという木取り法も，長年の経験からほぼ確立しかけていた。弥生時代に入ると，刳り物に加えて，新しく木工用ロクロにより，回転しながら物を削るロクロ技法が一部に採用されるようになった。木器の表面を美しく飾るための漆使用も縄文時代前期にはじまっており，赤地に黒漆の線描きによる加飾もある。弥生時代に入ると北部九州では稲作技術などとともに新しい文物や技術が朝鮮半島からもたらされるが，髹漆技法にも新風が認められる。この胴ふくらみのある長方形容器もその好例である。

構　成／工楽善通

白木のままの短甲（3世紀）　堺市下田遺跡
大阪府埋蔵文化財協会提供

彫刻を施した短甲（5世紀）
橿原市坪井遺跡
橿原市教育委員会提供

身を守る短甲

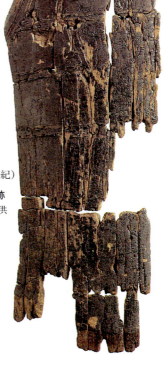

黒漆塗りの短甲（4世紀）
彦根市松原内湖遺跡
滋賀県教育委員会提供

　弥生時代には縄文時代になかったものとして，木製の武器および武器形祭器が登場する。前者には短甲や盾があって，きわめて念入りに作られており，ほとんどのものは漆や赤色顔料で加飾されている。後者には刀・剣・矛・戈・槍などがあって，1回使用のものだから比較的雑に作られていて加飾はない。
　短甲は一般に左右の胸当2枚と背当1枚の計3枚からなるものである。使用材はヤナギ・カエデ属・カキなどで，縦割れし難い板目材である。坪井遺跡出土例のように，5世紀に入るまで作られていたらしい。最近岡山市から，弥生時代のⅢ～Ⅳ期に属する遺物と一緒に，広葉樹を加工した短冊形の横長板を革紐で綴じ合わせたらしい黒漆塗の短甲部品とみてよいものが数枚出土しており，その出自について議論を呼んでいる。松原内湖出土例は装飾的に革紐で綴り，表面は全体を黒漆塗とし，裏面は革紐の部分のみ黒漆で固定している。　　構成／工楽善通

（神戸新聞より）

木に託す海山の幸

古墳時代に属するとみてよいこの板は，その仕口から長辺の上方が少し開いて広くなる長方形の箱を構成する側板である。側板2枚と底板が出土し，側板に線刻して図のような絵がある。シカ・サケ・カツオ・シュモクザメ・曲玉文がそれぞれの特徴をとらえて，確かな刃さばきで見事に刻み込んである。この箱は指物の技法で作られており，調査者は恐らく琴の共鳴槽として考えてよいものとみている。海の幸，山の幸を供え，不思議な音色を発して神々を呼ぶ祭りを挙行したのだろう。

構　成／工楽善通

線刻画のある箱材（4～5世紀）　兵庫県出石郡袴狭(はかざ)遺跡　　兵庫県教育委員会埋蔵文化財調査事務所提供

季刊 考古学 第47号

特集　先史時代の木工文化

● 口絵(カラー)　刳り船から箱船へ
　　　　　　　　木工と漆
　　　　　　　　身を守る短甲
　　　　　　　　木に託す海山の幸
　　(モノクロ)　鉄刃の威力
　　　　　　　　みごとな指物術
　　　　　　　　机のはじまり
　　　　　　　　古墳の装厳

木工文化のはじまり────────工楽善通・黒崎　直 (14)

日常生活の道具
　入れもの──────────────────上原真人 (18)
　耕作のための道具─ナスビ形農耕具を中心に──樋上　昇 (24)
　狩猟のための道具────────鈴木　信・臼居直之 (29)
　編み物の容器─籠と筌・箕──────────渡辺　誠 (35)
　生活のなかの構造物─家・柵・木道・船─────黒崎　直 (39)
　木材加工のための工具─斧の柄を中心にして──禰宜田佳男 (45)

祭りの道具
　祭りを演出する道具─弥生時代の鳥形木製品───山田康弘 (49)
　古墳を飾る木────────────────辻　尾　学 (53)
　戦いのための道具─武器形木製品について───岩永省三 (57)

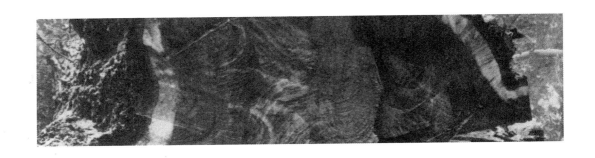

木工文化の周辺
　木工と漆 ————————————————— 工楽善通 *(62)*
　アイヌの木器とその源流 ———————————— 田口 尚 *(66)*
　韓国先史時代の木工文化 ———— 趙現鐘　今津啓子 訳 *(71)*
　木工文化と植生 ————————————— 辻誠一郎 *(76)*

〈コラム〉
　狩猟用具の木の選択 ———————————— 松田隆嗣 *(33)*
　年輪年代法 ——————————————— 光谷拓実 *(79)*

最近の発掘から
　弥生の木製品の宝庫―福岡市雀居遺跡―― 松村道博・下村 智 *(85)*
　弥生中期～古墳期の木製品―宮城県中在家南遺跡―― 工藤哲司 *(87)*

連載講座 縄紋時代史
　21．縄紋人の集落（１）————————————— 林 謙作 *(89)*

書評 ————————————————————— *(97)*
論文展望 ————————————————— *(100)*
報告書・会誌・単行本新刊一覧 ———————— *(102)*
考古学界ニュース ————————————— *(107)*

表紙デザイン・カット／サンクリエイト

鉄刃の威力

登呂遺跡出土の木製品がそうであるように，東日本では木器製作に杉材を使用することが圧倒的に多い。池ケ谷遺跡では5世紀頃に押し流されてきた砂礫層から鉄斧痕の著しい杉の根株1，樹幹2，樹枝1点が出土した。径1m前後もある大木は切り倒したのち，恐らく膝柄に鉄刃をはめ込んだ鉄斧を駆使して，作る予定の製品に応じた木取りで原木を解体していく途中の材である。写真では白線が邪魔をしているが，見事な切れ味である。

構　成／工楽善通

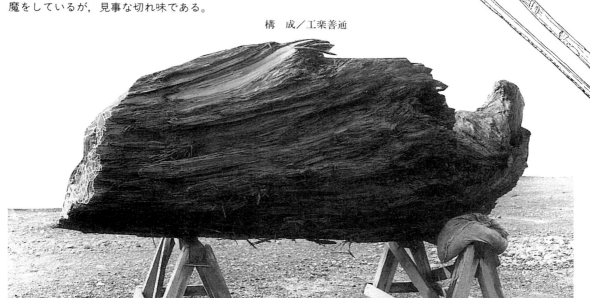

鉄斧痕のある原木（5世紀，上：根株，下：樹幹）　**静岡市池ケ谷遺跡**　静岡県埋蔵文化財調査研究所提供

みごとな指物術

雀居遺跡出土組合式机

弥生時代後期後半の環濠から全部材が揃って出土した。杉の柾目板を用い，細い釘状の工具で細かく割り付けて精巧に作られている。天板は幅33.5cm，長さ60.5cm，厚さ1.0cmを測り，両端に脚を挿入する柄穴を4カ所あける。幅5cmの挟み板にも同様の柄穴をあけ，上下から天板を挟み，刳り込みを外側に向けた脚を挿入し鼻栓で留める。脚の高さは23cm，鼻栓は幅1.5cm，長さ3cm。なお，この机の天板を本年3月に入って年輪年代法で測定したところ，もっとも外側の年輪が87 A.D.であることがわかった。恐らく紀元後2世紀の早い頃に伐採した木を用いたのだろう。

構　成／松村道博・下村　智

左右に板状の脚がつく机の天板（95.2×48.8cm）裏面（5世紀）
鳥取市岩吉遺跡（『日本考古学年報』43, 1990 より）

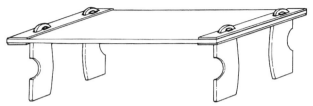

組合式机　復元図
（縦33.5cm，横60.5cm，高さ23.0cm）

組合式机各部材　福岡市雀居遺跡　　復元図とともに福岡市教育委員会提供

机のはじまり

雀居遺跡出土大型組合式机

脚，縦桟，横桟，天板から構成される。今回出土したのは脚2本，縦桟1本，横桟2本である。復元すると横100cm，縦70cm，高さ30cm前後の規模になる。脚は円柱状で中央部を細め，上端に桟と組み合わせる枘と楔を留める孔を持つ。桟は幅10.3cm，厚さ3.4cmの板材で，短部に相欠きや枘穴をもち脚と結合する。左頁の机と同じ環濠から出土した。

構　成／松村道博・下村　智

四本脚の机と天板（72.6×42.0cm）裏面（4世紀）
京都府峰山町古殿遺跡（『古殿遺跡報告書』より）

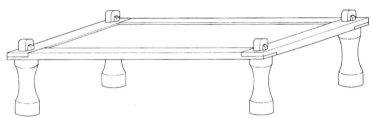

大型組合式机復元図
（縦70cm，横100cm，高さ30cm）

大型組合式机　福岡市雀居遺跡　　復元図とともに福岡市教育委員会提供

古墳の荘厳

葺石や埴輪で覆われた古墳には，さらに一層墓主の権威を象徴し，葬送のための祭儀を盛りあげるため，木製の造形品が立て並べられた。それらには盾形・笠形・鳥形などがあって，高くのびた柱の上部に取り付けたものもあり，一般にコウヤマキ材が使われることが多い。このほか，祭儀で手にもって使用したさしば・弓・刀・楽器・食器などもあり，いつしか古墳の周濠に埋没してしまう運命をたどる。

構成／泉　武

石見型盾形木製品（5世紀末，現存長122.2cm）
橿原市四条古墳（『四条古墳の木製品』より）

石見型盾形木製品（5世紀）　天理市御墓山古墳　天理市教育委員会提供
前方部東側の濠底での出土状況である。全長2.85m，頭部幅は約60cmで，四条古墳出土品の2倍の大きさがある。この他，木製品は鳥形・大刀形・蓋形・さしば形などの種類がある。

各種の木製品（5世紀）　天理市小墓古墳　天理市教育委員会提供
後円部東北での群在の様子を示す。蓋形木製品は10個体以上あり，木板も多数出土していて建築部材と推定される。蓋形木製品の出土している高さには濠底部のものや，堆積の進んだレベルでの出土もあり，一様でない。

季刊 考古学

特集

先史時代の木工文化

特集 ● 先史時代の木工文化

木工文化のはじまり

工楽善通・黒崎　直
（くらく・よしゆき）　（くろさき・ただし）

先史時代の日本列島は，その90％が森林におおわれていた。彼らは積極的にその森と深くかかわり，今に続く木工文化を育てた

　日本列島は北緯24°付近にある南海の島々から，北緯45°5′の北海道に至るまでの，南北延長2,500kmにわたる花綵列島からなっている。サンゴ礁の発達した亜熱帯から，寒流系の親潮が洗うところまで，じつにさまざまな動植物が生息して，列島の自然をきわめて豊富にしている。森林の占める面積が今なお70％近くまで達し，広い範囲の緯度にまたがっていることから，植物相が極めて変化に富んでいる。それは南から主なものをあげると，亜熱帯林，暖温帯常緑広葉樹林（照葉樹林），冷温帯落葉広葉樹林，亜寒帯針葉樹林となっている。このような植生帯は旧石器時代とは大きく違い，恐らく縄文時代に入ってから成立したものと考えられている。この豊かな森林源を利用して，古くから木工文化が栄えてきた。

1　木工文化のはじまり

　わが国ではいまのところ旧石器時代の木工品が遺跡から出土することは，きわめて稀である。
　兵庫県明石市にある西八木遺跡で，1985年に，5〜10数万年前の石器をともなう層から出土した板材は，「両面を細かく削って仕上げたもの」で，いまのところ，旧石器時代のもっとも古い加工材である。樹種はハリグワ（*Cudrania tricuspidata*）で，柾目材である。1993年秋には，岐阜県宮川村の宮ノ前遺跡から，旧石器時代終末期の木製品が出土した，と報道された。旧石器時代の工具には，斧や削器・彫器・掻器・錐などがあり，とうぜん木器の製作にも使用されたわけで，弓矢や石槍の柄などとともに，いつの日か木工文化のあけぼのの様子が明らかになるであろう。
　縄文時代に入ると，その木工文化の内容は俄然豊富になる。"縄文人のタイムカプセル"とも呼ばれた福井県三方町の鳥浜貝塚は，1962年の第1次調査以来，10数次にわたる発掘調査が実施されてきた。そこでは，縄文時代の前期にさかのぼる

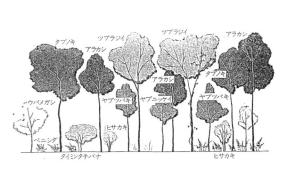
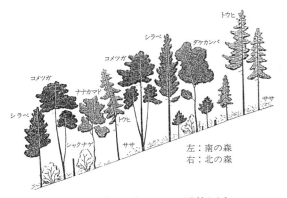

図1　南の森（暖温帯照葉樹林）と北の森（亜寒帯針葉樹林）（湊正雄監修『日本の自然』1977，平凡社より）

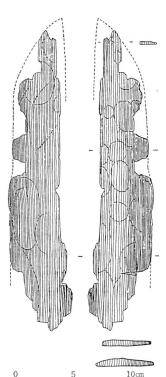

図 2 西八木層出土の木製品(『国立歴史民俗博物館研究報告』第13集，1987より)

実にさまざまな木製品が出土したのである。容器では盆状のもの，高台のついた盆または椀，鉢などあって，土器よりもバラエティに富んでいる。この木器にはトチノキが多く用いられ，そのほとんどには赤や黒の漆が塗られている。

石斧の柄は200点近く出土しており，その材には，弾力性に富んだ木が選ばれ，ユズリハ・サカキ・ヤブツバキ・シイノキ・トネリコの順で多く用いられている。また，この斧の製作にあたっても，一木の幹から枝わかれした部分を利用し，その角度が60°〜70°のものを選び，枝を斧の握り部にして，幹を石斧の取り付け部にするという理にかなった木取り法を採用している。

他に竪櫛，丸木弓，小型弓，とがり棒，丸木舟，櫂，杭，板などがある。そして，これらの製品にも，その形や道具の機能に応じて，石斧の柄でみたように樹種の選択がおこなわれていることがわかる。弓にはカシ類やカエデ類・カヤ・マツが用いられ，杭や板材にはスギが多用されているといった具合である。また，石斧の柄では，完成品は一割弱で，そのほとんどは未完成品であるという。このことは「ある段階まで何本か製作し，水に漬けて保存して」いたと考えられている。伐採シーズンにまとめて手に入れ，貯木して管理するという方法がとられていたらしい。縄文時代の早い頃に，すでにその器物にふさわしい樹種の選択や木取りがおこなわれているのである。鳥浜からは最古の丸木舟が出土している。杉材で全長6.08m，最大幅0.63mあり，丸太を半截したのち，手斧で削り込む一方，火で焦がしながらえぐりとっている。その後，同じ三方町のユリ遺跡からも3隻の丸木舟が出土し，今では縄文時代を通じて計150隻前後の舟があるだろう。舟は縄文人にとって海川の幸の漁や沿岸の交通に欠かせないばかりでなく，はるか外海に出ての，遠隔地との物資の交換にも大切な足となった。

以上のような，縄文時代の前期にほぼ出そろうさまざまな木工技術は，東日本を中心に中期にはおおよそのところ確立し，後晩期には西日本をも含めて一層充実したものとなった。

2 木工文化の発展

今からおよそ2,400年前，系統だった稲作農耕技術や金属器使用などの新しい波が，たび重なる朝鮮半島からの渡来人によってもたらされた。その一環として，大陸系の鋭い刃をもった各種の磨製石斧の使用が始まることとなった。その主なものは，樹木伐採用の太形蛤刃石斧，削るための手斧として扁平片刃石斧，削ったりえぐったりする柱状片刃石斧である。この各石斧には，大小のものや，太いもの細いものなどがあって道具の分化が進み，そして，作業目的に応じて道具を使いわけることがはじまった。このことは，木材加工が能率的におこなえるようになったことと，細部加工がいきとどくようになったといえる。さらに少し遅れて，鉄刃の工具の使用が始まり，木材加工技術が飛躍的に前進した。当初はまだ輸入品に頼り数は少なく，チョウナや刀子，ヤリガンナに限られていた。紀元元年前後頃には鉄の国内生産が始まり，ほぼ全国的に普及するようになった。袋斧や板状鉄斧，ノミなども登場し，石器が姿を消していった。

木工品では，高杯の脚部が枘差結合によって固定されたり，平面が円形の刳り抜き容器のふたが，印籠蓋になっているものなど新技法が登場している。また，本号表紙写真にみる，破損部の契(ちぎり)を用いた接合も，鉄器ならではの仕事であろう。さらに，鉄刃の威力は木工ロクロの採用を促した。今のところその製品はまだ決して多くない

15

が，紀元後3世紀には関東地方に至るまで使用されていたとみてよい。

　紀元後1世紀頃には，板材を組み立てる指物技術が新たに登場する。本誌口絵に紹介した福岡市雀居遺跡出土の2つの机は，まさにその好例である。後章で上原真人が述べているように，この頃「曲尺を駆使する規矩術をともなった新たな木工技術が伝来した」のであろう。この技術はその後も長く引き継がれ，のちには唐文化の影響を受けて，正倉院にのこる数々の技巧的な調度品を作りあげた。

　3世紀後半以降に入り，前方後円墳の時代になると，木器の奢侈品は一般集落で出土することがほとんどなくなり，古墳の副葬品として墓の中へ納められるようになる。漆製品もそうであることはのちに述べる。工芸品の製作者集団が支配者層に掌握される結果なのであろう。

3　樹種を選ぶ

　木製品の使用樹種について，最初に注目したのは奈良県唐古遺跡の調査報告書である。1937年に調査がおこなわれ，1943年に報告書が刊行されたこの遺跡からは，周知のように，弥生時代前期を主体とし弥生時代のほぼ全期間にわたる100点余の木製品が出土している。この多量の出土木製品は，当時全く類例のない一括資料であり，その多彩な内容は初期農耕社会の実像を考察する上で大きな手掛かりを与えた。と同時に，木製品を量的に取り扱える絶好の条件を揃えていた。報告ではこの利点を最大限活用し，いくつかのまとまった論考が試みられているが，その一つに「顕微鏡検査による使用樹種の鑑定」があった。

　唐古遺跡の報告書では，木製品の樹種鑑定の結果，「いちいちの木器の用材を知りえたのみでなく，それらを通じて製品の使途による樹種の選択が顕著に行われているという注目すべき事実」を明らかにしている。たとえば容器類では「木理が堅密でかつその割合に刃物の当りが軽軟であり，粘力があって折れる憂いがなく水湿に強い」ケヤキ・サクラ・クワ・ケンポナシ・ヒノキ・イヌガヤなどが使用され，耕具類では，「質が堅硬で割裂しがたく，強い弾力と靭力とをもつ」アカガシ・シラカシ・イチイガシ・アラカシなどの材種が使用されている。また杵や槌にはカシワ属のクヌギやアベマキが，弓にはイヌガヤが選ばれているという。

　唐古遺跡で明らかにされた木製品の用途と用材との関連性は，その後多くの遺跡で追認され，縄文・弥生・古墳時代の人々が，いかに木材に対して高い知識と深い経験とを有していたかが明らかになってきている。

4　樹種の実例

　以下，樹種の特徴とそれに適した用途について，既刊の調査報告書[1]から代表例を選んで，列記しておこう（樹種は50音順）。

　「イヌガヤ」は，常緑の小高木。東北地方以南の暖帯に主として分布。やや堅硬で木理緻密。弓材として多く使われ，農具の柄にも使われる。

　「カシ類」は，常緑の高木で，暖帯の照葉樹林に広く分布する。重硬で強靭であり，弾性に富み耐湿性がある。弓や農耕具を中心に，工具・建築材などに広く使われる。

　「カバノキ」は，温帯から亜寒帯にかけて分布する落葉の高木。木理は緻密でやや硬く，割裂困難である。出土例は少ないが，群馬県新保遺跡ではクワの未製品や横槌に使われている。

　「カヤ」は，常緑の高木で，本州，四国，九州に広く分布。弾力に富み耐久性も高く，水湿にも耐える。加工が容易で，表面の仕上げも良好である。弓や斧の柄，匙や容器類，糸巻具や手網の枠など用途は広い。

　「クスノキ」は，本州の中南部以南に分布する常緑の高木。木理はしばしば交錯し，加工は容易だが，耐久性はやや劣る。農具などの柄やエブリ，臼などに使用されることがある。九州では住居の柱に用いたり，高倉の扉板に用いられている。また各地で出土する丸木舟や船材にもこの木を用いたものが多い。

　「クヌギ類」は，落葉高木で，秋田・岩手以南に分布。堅硬で割裂容易。耐久性がある。屋根材などに多く使われるが，東日本では農耕具に用いた例もみられる。

　「クリ」は，落葉広葉樹。本州の温帯から暖帯に主として分布。やや重硬で耐久性に富む。丸木舟や建築材など大型の構造材に使われることが多い。

　「ケヤキ」は，落葉の高木。本州，四国，九州に広く分布。木理が美しく，強靭で狂い少なく，かつ加工が容易という用材としては理想的な特徴

を持つ。容器類，調度品，船舶具などに用いられている。

「ケンポナシ」は，落葉の高木。北海道を含み広く日本全土に分布する。肌目は整っており木目は美しい。強度は中庸で，加工は容易である。高杯や杓などに使用例がある。

「コウヤマキ」は，常緑の高木で，福島以南に見られる。木理通直で加工容易。水湿によく耐える。木棺や扉，橋などの大型材に用いられることが多い。

「コナラ類」は，落葉の高木で，北海道を含み広く日本全土に分布する。重硬で緻密であり，杭や屋根材などに用いられ，また農耕具にも用いられることがある。

「サカキ」は，常緑の高木で，本州，四国，九州に広く分布。肌目が詰まっており，堅硬強靱で割裂困難である。縄文前期以来，石斧の柄や，農具の膝柄や箆などに用いられる。

「スギ」は，樹高40m，幹径2mに達する常緑の針葉樹で，本州から九州にかけて広く分布する。比較的軽軟で木理は真っ直ぐ通っており，割裂性も高く加工は容易である。丸木舟や矢板，建築材などの大型品から，容器などの小型品にも用いられ，時には農具が作られることもある。東日本ではヒノキに替って，スギの使用が圧倒的に多い。

「ヒノキ」は，常緑の高木で，福島県以南の本州，四国，九州に分布。木理が真っ直ぐ通っており，加工は容易で仕上げも良好。耐久性も抜群である。容器類や建築材などに広く用いられる。

「マツ」は，本州から四国，九州にかけて広く分布する常緑の針葉樹。重硬で木理が通っており，樹脂分が多くて水湿に強い。櫂や鍬など農具をはじめ，建築材に用いられることが多い。

「モミ」は，常緑の高木で，本州，四国，九州に広く分布。加工が簡単であるが，耐久性が低い。盾に用いた例があるが，多くは木鏃や刺突具など小型の棒状品に用いられる。

「ヤナギ」は，落葉の中高木。軽軟で加工は比較的容易であるものの，耐久性は低い。クワの柄や鍬などに使われる。静岡県伊場遺跡出土の漆塗短甲（弥生Ⅴ期）がそうである。

「ヤブツバキ」は，本州以南の暖帯から亜熱帯にかけて分布する常緑の広葉樹。木質は重硬かつ均質で，粘り強い。縄文時代以来，石斧の柄や杵・杭などに用いられる。7世紀に犂がある。

「ヤマグワ」は，落葉広葉樹の高木で，全国の温帯から亜熱帯まで広く分布する。重硬で光沢があり，強靱で狂いがなく水湿に強い。容器とその蓋や高杯，農具の柄や木庖丁，それに梯子や杭・櫂など，その用途は広い。

5　樹種と植生

樹種の同定作業から，遺跡周辺における植生の復原が可能となり，さらには遺跡における時間的な植生の変化を推測することもできる。たとえば農耕具類を見てみよう。クワ・スキという農耕具は，西日本一帯ではカシ類を用いるのが本来的である。しかし照葉樹林の中心的な構成要素であるカシ類は，東日本へ移るに従い分布範囲は減少する。また例え当初は豊富に存在しても，農耕具などの製作に適したカシの良材は，数百年以上を経た大木であり，乱獲によってしだいに良材が枯渇する。群馬県新保遺跡では，150点以上の農耕具類が発見されたが，そのうちカシ類の占める割合は弥生時代で23%，古墳時代では13%である。当時の関東地方中央部においては，照葉樹林は未発達で，原料となるカシ類の入手が困難な状況にあったようだが，古墳時代ではわずか10数%にまで落ち込んでしまっている。この数字をいかに解釈するか，意見の分かれるところであるが，いずれにせよその欠は他の樹種で補わざるをえない。古墳時代では実に55%以上の高率で，カシ類の不足をクヌギ類が補っていたのである。クヌギやコナラ類による同様な傾向は，東北地方や中部地方の農耕具類にも見られる。今後，出土木製品の樹種同定の検討を重ねることによって，単に植生の復原にとどまらず，樹種の選択というより文化的な側面から，地域差を比較することができるだろう。

註
1) 『鬼虎川の木質遺物―第7次発掘調査報告　第4冊』東大阪市文化財協会，1987，『新保遺跡Ⅰ　弥生・古墳時代大溝編』関越自動車道（新潟線）地域埋蔵文化財調査報告書第10集，群馬県教育委員会ほか，1986

参考文献
山田昌久「日本列島における木質遺物出土遺跡文献集成―用材から見た人間・植物関係史」植生史研究，特別1，1993
奈良国立文化財研究所編『木器集成図録』近畿原始篇，1993

特集● 先史時代の木工文化

日常生活の道具

木の良さを生かした様々な道具類は，かつて身の回りにあふれていた。それらの原形は数千年前にさかのぼり，改良されてきた

入れもの／耕作のための道具／狩猟のための道具／編み物の容器／生活のなかの構造物／木材加工のための工具

入れもの

奈良国立文化財研究所
■ 上原真人
（うえはら・まひと）

木製の容器は縄文時代までさかのぼる刳物と弥生時代に出現した挽物，古墳時代以降の指物・曲物，中世に降る結物にわけられる

1 製作技術による木製容器の分類とその初現

木でできた容器は製作技法によって，刳物・挽物・指物・曲物・結物に大別できる。刳物は手斧などの刃物で，材を刳り抜いて形を整えた容器。挽物は粗加工した材を，木工用轆轤によって回転成形した容器。指物は板材を枘・紐（樺皮）・釘・接着剤などで組み立てた容器。曲物は樹皮や薄く割り裂いた板を筒状にまるめて側板とし，その径に合せて切断した底板を紐（樺皮）・釘・接着剤などで結合した容器。結物は湾曲した短冊形の板を底板に沿って筒状に並べ，箍で締めた容器である。

日本では，結物（桶や樽）の出現は中世（平安末〜鎌倉）に降るが，刳物・挽物・指物・曲物は古墳時代までに出現していた。とくに刳物の出現は縄文時代にさかのぼる。一方，挽物は現在では弥生時代に出現したと考えられている。しかし，出土した木製容器を観察して，刳物と挽物とを厳密に区別するのは必ずしも容易でない。一般には，轆轤の爪跡や回転成形痕（轆轤目）を残す回転体の容器は挽物，平面が楕円形や方形を呈する非回転体の容器は刳物と判断できる。しかし，轆轤の爪跡や轆轤目がはっきり残る挽物はむしろ粗製品で，漆器をはじめとする精製品では，表面を磨いて轆轤目を消したり，爪跡を残さない工夫をこらす場合が多い。また，出土木器は歪んでいることが多く，回転体か否かを判断するのも難しい。とくに成形工程のごく一部に木工用轆轤を利用した精製品では，その事実を確認しにくい。

かつて奈良県唐古遺跡（現在の唐古・鍵遺跡）で出土した高杯・鉢などの木製容器に挽物が含まれていると判断した小林行雄は，木工用轆轤の初現は弥生Ⅰ期までさかのぼると主張し[1]，轆轤目が残る具体例として弥生Ⅳ期の高杯（図1—1）をあげた[2]。これに対し，静岡県登呂遺跡や山木遺跡で出土した木製容器には轆轤を使った製品はないと判断した後藤守一は，小林の見解に対しても疑問を投げかけていた[3]。

1980年，石川県西念・南新保遺跡で出土した弥生Ⅴ期の高杯杯部（図1—2）は，内外面を轆轤で成形した後，口縁の耳や外面の六花文の浮彫を手で彫刻して仕上げたものと報告された[4]。その論拠となった「轆轤目」は，成田寿一郎の観察によって否定された[5]。しかし，工楽善通はCTスキャンを駆使して，これが回転体をなすことを示し，製作実験などを通じて轆轤成形後に細部を削って

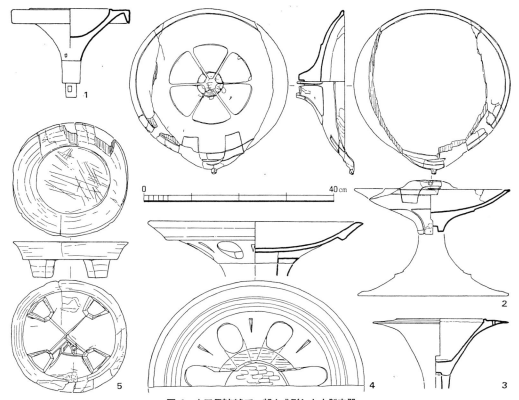

図 1 木工用轆轤で一部を成形した木製容器
1 奈良県唐古（弥生Ⅳ期，杯部ケヤキ，脚柱部ヒノキ，末永・小林・藤岡 1943）
2 石川県西念・南新保（弥生Ⅴ期，ケヤキ，金沢市教委1983）　3 島根県タテチョウ（弥生Ⅲ～Ⅳ期，島根県教委1990）
4 奈良県纒向（弥生末～古墳初，ケヤキ，桜井市教委1976）　5 滋賀県服部（弥生末～古墳初，谷口1981）

仕上げた製品であることを明らかにした[6]。その後，島根県タテチョウ遺跡出土の高杯（図1-3）でも轆轤使用の可能性が指摘されている[7]。

木工用轆轤の使用を一部認めたとしても，弥生時代の木製容器の基本は剝物であった。これは古墳時代においても同様で，一部の大型高杯や脚付の盤（図1-4・5）で木工用轆轤の使用が指摘されているにすぎない。木製容器のなかで，挽物の比重が剝物よりも高くなるのは，8世紀以降のことと考えたほうがよい。

曲物の製作法で，剝物や挽物のように多様な形の容器を仕上げることは難しい。少なくとも，細い帯状に割り裂いた板を巻き上げて器胎とする巻胎漆器[8]を例外とするならば，曲物で球面を作ることはできず，その器形は円柱形に限定される。しかし，軽くて大型の容器としては曲物は最適で，中世に結物が出現し，近世に普及する以前には，さまざまな分野で曲物容器が使用された[9]。

曲物が広く普及するのは，挽物と同様，8世紀以降のことであるが，福岡県鹿部山遺跡で出土した弥生Ⅱ期の曲物[10]が最古例とされる。薄く割り裂いた板を円柱形に丸めて樹皮で緊縛しているが，底板をつけた痕跡がないので曲物容器と呼ぶのは苦しい。直接証拠を欠くが，曲物容器が弥生Ⅴ期～4世紀には一定の形をそなえるようになり，一部に普及したと推定できることは後述する。

同じ頃に大きな画期をもつのが指物容器である。組合式木棺などを例外とすれば，弥生時代には板材を組み立てた指物容器はほとんど確認できず，指物技術そのものが未発達であったと判断できる。これに対し，弥生末期～4世紀以降，箱・腰掛・机をはじめとする指物製品は増大する。この間に，曲尺を駆使する規矩術をともなった新たな木工技術が伝来した事実は，側板が直立せずに一定の角度の傾きを持つ箱（四方転びの箱）の存在によって証明できる[11]。

なお，屋根勾配や隅の反りに従って建築部材の仕口などを手際よく納める上で，規矩術は絶大な威力を発揮する。「四方転びの箱」の典型である「踏み台」を作ることは，かつて大工の徒弟が一

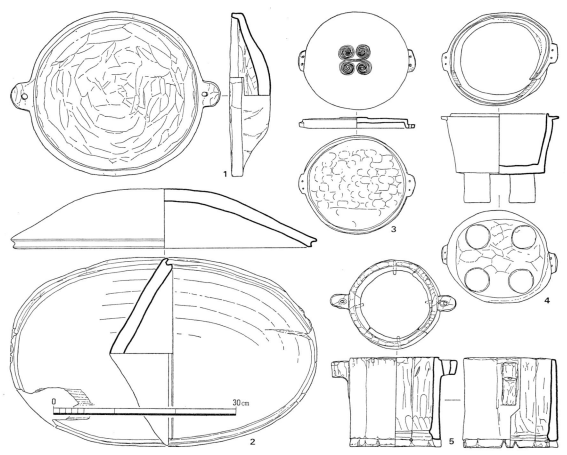

図 2 蓋がつく容器
1・5 石川県西念・南新保（弥生Ｖ期，スギ，金沢市教委1983）　2 大阪府新家（弥生Ｖ期，ヒノキ，大阪文化財センター1987）
3・4 大阪府雁屋（弥生Ⅲ～Ⅳ期，ヤマグワ，奈文研1993）

人前となるための腕だめしで，現在でも二級建築大工の実技試験には，その応用問題をとりいれている。家形埴輪の斗（ます）の表現などを見れば，建築技術においても，曲尺を駆使する規矩術が，「四方転びの箱」の出現を契機として，日本に定着したことは疑い得ないであろう。

2 刳物の伝統と新生

土器と同様に木器にも地域色がある。木製農具の形態差や普及年代差についてはすでにいくつかの指摘がある[12]が，木製容器，とくに刳物の形態や技法においても地域差は著しい。たとえば，主にスギの心持材を筒状に刳り抜いて，一方の端に円板や楕円版を木釘で留めて底板とする刳物桶（図2-5）は，弥生Ｖ期～4世紀を中心に，富山・石川・福井・鳥取・島根の各県や，京都・兵庫・福岡の日本海側，滋賀県に限って出土する。滋賀県では同じ頃に北陸的な農具も使用しているので[13]，この刳物桶は弥生Ｖ期～4世紀の北陸・日本海文化を代表する木製容器ということになる。

こうした特殊な器種・技法以外に，各地に普遍的な器種の刳物でも，器形や技法には地域色を検討する材料がある。図3-3・4は奈良・島根における弥生Ⅰ期の横杓子で，身の口縁が柄のつけねよりも1段高い点が共通する。同様の特徴は弥生Ⅰ期の匙にも認められ，横杓子・匙に共通した弥生Ⅰ期の西日本的特徴ともいえる。ところが，身の口縁が柄のつけねよりも1段高いという特徴は，縄文時代の匙にも認められる（図3-1）。つまり，横杓子・匙の弥生Ⅰ期の西日本的特徴は，基本的に縄文時代の伝統によるものなのである。

中尾佐助は匙や杓子の存在を根拠に，弥生時代の日本では粥食が一般的であったと推定し[14]，佐原眞は弥生時代の匙は量も少なく，形も決まって

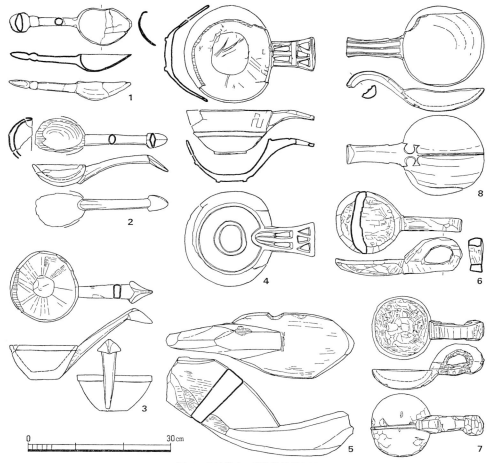

図 3 各地出土の刳物横杓子と匙
1 鳥取県栗谷（縄文後期，ケヤキ，福部村教委1989）　　2 福岡県辻田（弥生Ⅴ期，福岡県教委1979）
3 奈良県唐古（弥生Ⅰ期，ケヤキ，末永・小林・藤岡1943）　4 島根県西川津（弥生Ⅰ期，島根県教委1989）
5 奈良県唐古（弥生？，末永・小林・藤岡1943）　　6 奈良県唐古・鍵（弥生Ⅲ期後半，田原本町教委1987）
7 兵庫県玉津田中（弥生Ⅲ期，奈文研1993）　　8 大阪府瓜生堂（弥生Ⅲ～Ⅳ期，シイノキ，大阪文化財センター1980）

いないことを理由にこれに反対する[15]。匙・杓子で何をすくったのか判らないが，少なくとも弥生時代の匙・杓子が縄文的伝統をひく遺物である以上，水田稲作技術の伝播に伴う食事体系の一要素と考えることはできないだろう。

身の口縁を柄のつけねよりも1段高く作る伝統は，北部九州では弥生Ⅴ期まで残る（図3-2）が，畿内では弥生Ⅱ～Ⅲ期には稀になる。一方，弥生Ⅱ～Ⅳ期には，大阪府を中心に柄が大きく山形にうねった横杓子が盛行する（図3-8）。これらはうねりの程度に差があるものの，その形態・製作技術に著しい共通性がある。すなわち，木塊から大ざっぱに身・柄の外形を削りだし（図3-5），身を刳り込むのに平行して柄部に横から穿孔し（図3-6），穿孔した下半部を削り取って仕上げる（図3-7・8）。

現在のところ，このような形態・製作技術の横杓子は大阪・兵庫・奈良に分布し，時期的にも地域的にも限定される。つまり，弥生Ⅰ期段階では縄文時代の伝統のもとで比較的均一であった匙・横杓子は，弥生Ⅱ～Ⅳ期には地域色の著しいものへと変貌していくのである。

3 曲物容器と石製合子

8世紀以降に普及した曲物容器を製作技術で分類する場合，側板を樺皮で綴じ合わせる方法と，側板と底板とを結合する方法との2つの要素がその基準になる[16]。しかし，古墳時代の曲物では，側板の綴じ合わせ方のわかる例が少ないので，ここでは底板の加工法に注目して，初現期の曲物容

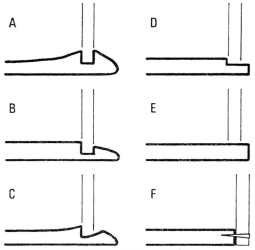

図 4 曲物底板周縁の形態模式図

器について考えてみたい。

　曲物底板周縁の形態と側板を結合するための加工法はＡ〜Ｆに大別できる（図4）。Ａ：底板の上面周縁を隆起させ，そこに溝を彫り込んで側板をはめこむ。底板側面は丸味をもつ。Ｂ：底板周縁はゆるやかに厚味を減じ，側面は丸味をもつ。側面よりやや内側に溝を彫り込んで，側板をはめこむ。Ｃ：底板周縁はゆるやかに厚味を減じ，側面は丸味をもつ。側板をはめこむ溝は，底板の側面から斜め下に切り込んで直に立ち上げる。Ｄ：底板側面は上下面と直角をなし，周縁上面を切り欠いて段を設け側板をあてる。Ｅ：底板側面が上下面と直角をなし，周縁には溝や段がなく，側板を底板の上面に直接あてる。Ｆ：底板側面は上下面と直角をなし，側板下端内面を底板側面にあて，外側から木釘で固定する。8世紀以降の曲物はＦが主流で，蓋にＤ・Ｅもあるが，Ｃは大型の楕円形曲物の一部に限られる[17]。つまり，Ａ・Ｂは古墳時代の曲物に特有の形態とみてよい。

　Ｆ以外の曲物は，底板の周縁は側板の外側に鍔状に張り出す。この特徴をそのまま模倣した石製・土製の合子（盒）が古墳の副葬品にある。西谷真治の検討成果[18]によれば，古墳出土の石製合子は平面円形で四脚・紐孔突起をもつ円形合子と，平面が主に楕円形で脚や紐孔突起がなく，底部が鍔状に張り出した楕円形合子とに大別でき（図5），両者の中間型式が極めて少ないことから，おのおのが別種の木製容器を模倣したと推定できる。

　西谷は石製円形合子の祖型として弥生時代

の木製合子（図2—3・4）を想定。また石製・土製の楕円形合子の祖型として曲物を候補にあげながら，「器壁から張出した厚い底部および甲盛りのある蓋は曲物では造りえない形である」「身の器壁のみを曲物とし，蓋と底は別の技術をもってするというようなことは考えられない」という理由で「楕円形盒の原体もやはり木の刳物とみなすべきであろう」と結論している。しかし，「器壁から張出した厚い底部」という形態は，まさに古墳時代の曲物に通有の形態で，刳物容器では同じ形態を確認できない。さらに，この種の古墳時代の曲物底板には，内面を若干彫りくぼめた刳物的技法をとるものさえある。蓋も当然，刳物であってよい。

　図2—2は大阪府新家遺跡で出土した刳物の蓋。時代は弥生Ｖ期にさかのぼるが，長径 50 cm，短径 32.4 cm と大きく，形態は古墳時代の石製・土製の楕円形合子の蓋に似ている。蓋を持つ同時代の刳物容器で，このような楕円形を呈する大型品として，前述した刳物桶がある。しかし，刳物桶の分布は北陸・日本海側に限定され，しかもその蓋の形態はまったく異なる（図2—1）。とすれば，図2—2に組合うような大型の容器身は，曲物以外に考えられない。

　古墳から出土する四脚・紐孔突起をもつ石製の円形合子は，径 11 cm 以下の小型品ばかりで，底部が鍔状に張り出した石製・土製の楕円形合子には小型品から大型品まで各種ある。岡山県金蔵山古墳で出土した 4 個の土製楕円形合子は，長径約 45 cm，短径約 25 cm で，それぞれに農具・工具・漁具・武器の鉄製品を納めていた[19]。これに

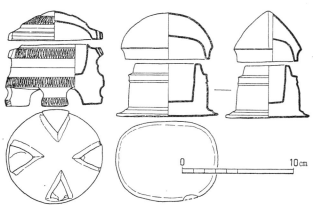

図 5　古墳出土石製合子（盒）における二者
　左：円形合子（京都府西車塚古墳）
　右：楕円形合子（愛知県篠木町）（西谷1970）

「道具箱」という性格を与えるならば，小型の円形合子は「小物入れ」「宝石箱」という感じが強い。滋賀県雪野山古墳では，黒漆塗りの木製「櫛笥(くしげ)」が出土している[20]。素地の細部は不詳であるが，刳物あるいは挽物の円形合子の可能性があると思う。

四脚・紐孔突起をもつ石製円形合子の祖型を前述した刳物桶に求める説がある[21]。たしかに，刳物桶の蓋（図2-1）は石製円形合子の蓋に似ている。しかし，刳物桶は石製円形合子ほど装飾性に富んでおらず，四脚を整えた例がないこと，平面楕円形を呈する大型品も少なくないこと，分布が北陸・日本海側に限られることなどから，筆者はこの説に否定的である。むしろ，弥生Ⅴ期以降，木工技術の実用品と奢侈品との分化が促進され，弥生Ⅱ～Ⅳ期に盛行した木製合子（図2-3・4）などの「精製品を作る木工技術者は，このころからあらわれる土豪的な支配者層の奢侈品を製作する部門に吸収され」[22]，雪野山古墳のような黒漆塗り「櫛笥」を生み，それが石製品に置き換えられたと考えたい。北陸・日本海側に分布する刳物桶も「蓋をもつ木製容器」という点では弥生Ⅱ～Ⅳ期に盛行する木製合子の伝統を引くが，それは粗製品をも含んだ一地方色と理解しておきたい。つまり，刳物桶は石製合子と兄弟の関係であっても，親子の関係とはなり得ないのである。

註
1) 末永雅雄・小林行雄・藤岡謙二郎『大和唐古弥生式遺跡の研究』京都帝国大学文学部考古学研究報告第16冊，1943
2) 小林行雄「轆轤」『古代の技術』1962
3) 日本考古学協会『登呂』本篇，1954
4) 宮本哲郎「日常生活の道具-西念・南新保遺跡出土木製品」月刊文化財，218，1981
5) 成田寿一郎『木の匠-木工の技術史』1984
6) 工楽善通「木製高杯の復元」『古代史復元』5-弥生人の造形，1989
7) 島根県教育委員会『朝酌川河川改修工事に伴うタテチョウ遺跡発掘調査報告書』Ⅲ，1990
8) 中川正人「松原内湖遺跡出土巻胎漆器断片の技法について」滋賀考古学論叢，4，1988
9) 奈良国立文化財研究所『木器集成図録』近畿古代篇，1985
10) 九州大学考古学研究室『鹿部山遺跡』1973
11) 上原真人「四方転びの箱-古代木工技術の変革（予察）」『平安京歴史研究-杉山信三先生米寿記念論文集』1993
12) 町田 章「木器の製作と役割」『日本考古学を学ぶ』2-原始・古代の生産と生活，1979
　　樋上 昇「木製農耕具の地域色とその変遷-勝川遺跡出土資料を中心として」『年報』昭和63年度，愛知県埋蔵文化財センター，1989
13) 上原真人「農具の変遷-鍬と鋤」季刊考古学，37-稲作農耕と弥生文化，1991
14) 中尾佐助『料理の起源』1972
15) 佐原 眞「食からみた日本史 古代の食⑧-齲窩篩とエナメル質減形成」VESTA-食文化を考える，7，1991
16) 註9)に同じ
17) 註9)に同じ
18) 西谷真治「古墳出土の盒」考古学雑誌，55-4，1970
19) 西谷真治・鎌木義昌『金蔵山古墳』倉敷考古館研究報告第1，1959
20) 八日市市教育委員会『雪野山古墳Ⅱ-第2次・第3次発掘調査概報』1992
21) 金子裕之「木工生産」『日本歴史考古学を学ぶ』下，1986
22) 町田 章「木工技術の展開」『古代史発掘』4-稲作の始まり，1975

参考文献
大阪文化財センター『瓜生堂-近畿自動車道天理～吹田線建設に伴う埋蔵文化財発掘調査概要報告書』1980
大阪文化財センター『新家（その1）-近畿自動車道天理～吹田線建設に伴う埋蔵文化財発掘調査概要報告書』1987
金沢市教育委員会『金沢市西念・南新保遺跡』金沢市文化財紀要40，1983
桜井市教育委員会『纒向』1976
島根県教育委員会『朝酌川河川改修工事に伴う西川津遺跡発掘調査報告書Ⅴ（海崎地区3）』1989
田原本町教育委員会『昭和61年度 唐古・鍵遺跡第26次発掘調査概報』1987
谷口 徹「服部遺跡出土の線刻ある木製品について」滋賀文化財だより，48，1981
奈良国立文化財研究所『木器集成図録』近畿原始篇，1993
福岡県教育委員会『山陽新幹線関係埋蔵文化財調査報告』12，1979
福部村教育委員会『栗谷遺跡発掘調査報告書』Ⅱ，1989

耕作のための道具
——ナスビ形農耕具を中心に——

愛知県埋蔵文化財センター
■ 樋 上　昇
（ひがみ・のぼる）

弥生中期から古墳時代にかけて全国的に出土するナスビ形農耕具の形態
変遷は土器のそれとほぼ対比でき，それは稲作が伝播した道でもあった

　今から約50年前，奈良県田原本町にある唐古池の調査で大量の弥生土器と木製農耕具が出土したことにより，弥生時代が稲作農耕の時代であることが考古学的に立証された。1943年に刊行された報告書において，小林行雄氏は弥生土器の様式論を展開し，それが現在もなお，土器研究の指針となっている。一方，木製農耕具は現在の農具とあまりにもその姿が似すぎていたためか，ほとんど機能論に終始し，もっぱら民具学・民俗学的考察にとどまっていた。その後は木製品が出土する低湿性遺跡の調査例が少ないことも手つだって，1970年代の黒崎直・町田章・根木修氏らによる一連の業績がめだつのみで，土器や石器に匹敵する考古学研究の対象物であるとは到底いえなかった。そのために弥生時代研究者の多くは水稲耕作の時代の象徴ともいうべき木製農耕具にはふれることなく，土器をもって弥生時代を語ろうとしている状況であった。しかしながら，近年の全国的な大規模開発による資料の増加がひとつの機運となって，ようやく従来の機能論を脱却した新しい木製農耕具研究がはじまりつつある。

　そこで本稿ではあえて機能論にはふれずに，様式論的研究の一例として木製農耕具の地域色のあり方を，弥生時代中期から古墳時代にかけて全国的に出土例の多いナスビ形農耕具の分布の変遷から考察してみることとする。

1　ナスビ形農耕具の出現

　木製農耕具の器種組成はおおむね鍬・鋤および，その補助具からなっている。そのうち鍬には現在もよくみられる刃の上半部に孔をあけてまっすぐな柄を通すタイプ（直柄鍬）のほかに，木の枝わかれした部分を利用して「て」の字状に折れ曲がる形態をもつ膝柄，あるいはゆるやかに反った形態の反柄（両者の総称を曲柄とよぶ）と結合するために，鍬の刃の部分（刃部）の上端に断面カマボコ形の棒状の軸部がつくタイプの鍬（曲柄鍬）

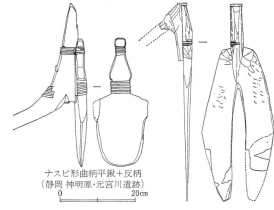

ナスビ形曲柄平鍬＋反柄
（静岡 神明原・元宮川遺跡）
0　　　　　20cm

（東海系）曲柄叉鍬＋膝柄（静岡 宮塚遺跡）

図１　曲柄鍬と柄の結合法

がある。曲柄鍬には刃部が一枚の板状をなす種類と二叉（あるいはそれ以上）にわかれる種類がある。上原真人氏はこの２種類の曲柄鍬をそれぞれ曲柄平鍬と曲柄叉鍬に分類している。本稿も基本的にこれに従い，両者を総称する際にのみ曲柄鍬の名称を用いることとする。

　この曲柄鍬のなかには軸部がナスビのヘタに似ている形態の一群があり，これらは一般にナスビ形農耕具という名称でよばれている。近畿地方を中心に弥生後期～古墳後期の遺跡から数多く出土しているが，その起源については他の農具と同様に大陸から伝来したとする説や，北部九州と近畿の農具が合体してできたとする説などがあるが，明確な解答はえられなかった。しかし，1986年に調査された岡山市南方釜田遺跡出土の弥生中期中葉～後半に属する曲柄鍬のなかに通常の軸部からナスビ形への変化がたどれる資料が存在していることがあきらかとなった。

　曲柄鍬の軸部は柄と結合する際，使用時のズレを防ぐために段差をつける（東海地方），端部に突起をもうける（近畿地方）などの工夫をほどこす。瀬戸内から山陰にかけての中国地方では軸部が縦長の菱形状に中央部の幅が広くなるようつくられ

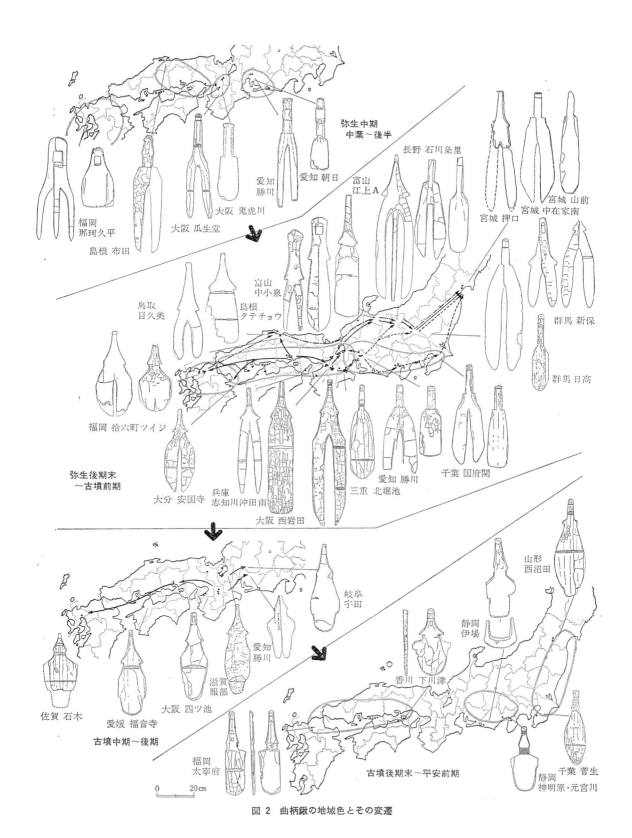

図 2 曲柄鍬の地域色とその変遷

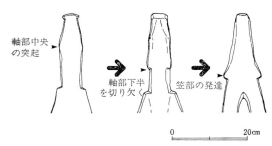

図3 曲柄鍬からナスビ形農耕具（曲柄鍬）へ
（岡山・南方釜田遺跡）

ている。南方釜田遺跡では前記の形態のほかに，この中央突出部の下半を切り欠くことでズレ防止の機能をより強化させた例があり，さらに突出部を発達させ，ほぼ完全にナスビのヘタ状の笠部として定型化したものにいたるまで，ほぼ同時期に3タイプの曲柄鍬が存在している。すなわち，弥生中期中葉～後半に東海から中国地方にかけて分布する曲柄鍬の大きく3つにわかれる軸部の地域色のなかで中国（吉備）地方のタイプがナスビ形農耕具（以下，ナスビ形曲柄鍬とよぶ）の原型となったのである。

2 ナスビ形曲柄鍬の展開と地域色

吉備地方で出現したナスビ形曲柄鍬はまもなく山陰に進出する。山陰では軸部が長大化（軸部長20～30cm）し，曲柄平鍬のなかには刃部の中央に三角形のスカシをあける例もあらわれる。これらの特徴をもつ一群を山陰系ナスビ形曲柄鍬とする。この山陰系ナスビ形曲柄鍬は日本海沿岸を通って北陸へと達する。

これとは別に，弥生後期後半には近畿と北部九州にもナスビ形曲柄鍬が進出する。近畿地方のそれは軸部が山陰系にくらべて短く（20cm以下），従来の曲柄鍬が軸部・刃部ともかなりの厚みがある立体的な形態であったのに対して全体に薄手のつくりとなり，叉鍬の刃部は幅が広く偏平化する。この傾向は時期が下るほど強まる。弥生後期後半から古墳前期にかけての時期，このナスビ形曲柄鍬（畿内系ナスビ形曲柄鍬とする）が出土する遺跡は近畿地方一円でかなりの数にのぼっており，急速に広まったことがわかる。その分布の中心は河内平野にあり，河内平野の曲柄鍬の軸部はすべてナスビ形の形態をとるのに対し，東の大和や近江ではナスビ形化しない軸部の曲柄鍬がわずかに存在する。西へは播磨・吉備・伊予などの瀬戸内海沿岸地域にまでこの畿内系ナスビ形曲柄鍬がおよんでいるが，非ナスビ形の曲柄鍬もわずかにまじっている。

北部九州は他地域と異なり，弥生中期以来曲柄鍬の伝統をもたない。平鍬・叉鍬とも，ほとんどが方形の柄孔をもつ直柄鍬で，叉鍬は三叉が主流を占めている。また，遺跡ごとの形態差がきわめて少ない点も特徴的である。遺跡によってはわずかに出土する円形柄孔の平鍬や曲柄鍬は近畿地方などからの搬入品である可能性が高い。ところが，弥生後期になると，量的には少ないが各遺跡からナスビ形曲柄鍬が出土するようになる。ただ近畿とは異なり，方形柄孔の平鍬・叉鍬にとってかわるわけではなく，従来の器種組成に曲柄鍬が新たに加わるのみで，かつ中心器種にはならない。北部九州のナスビ形曲柄鍬の特徴は畿内系のそれに近く，刃部はさらに幅広化している。分布の中心は福岡平野と国東半島にみられるが，後者は北部九州とともに瀬戸内海沿岸地域の影響も考えられる。北部九州におけるナスビ形曲柄鍬の出現の時期は畿内系の成立よりややさかのぼる可能性がある。

3 山陰系の北進と北陸系ナスビ形曲柄鍬・東海系曲柄鍬の成立

次に近畿以東の弥生末から古墳前期の状況をみてみる。山陰系ナスビ形曲柄鍬は日本海沿岸を北上し，北陸地方へと流入する。富山県上市町の江上A遺跡では長大な軸部のナスビ形曲柄平鍬が出土している。北陸のナスビ形曲柄鍬は山陰の影響をうけつつ，きわめて特異な発展をとげる。軸部がナスビ形の笠部の形態をとりながら，方形の柄孔をあけている。すなわち，軸部に柄孔をあけることで曲柄との結合という本来の機能の喪失したナスビ形の笠部を，あえてそのかたちのみ残している点がとくに注目されるのである。また，方形柄孔は前述のように北部九州地方の平鍬・叉鍬の特徴である。さらに，山陰地方で弥生中期にはすべて二叉であったナスビ形曲柄叉鍬のなかに，後期頃から北部九州に多い三叉のものが加わってくる。これらの状況から，上記の特徴をもつ北陸系ナスビ形曲柄叉鍬は山陰系ナスビ形曲柄鍬に，同じく日本海沿岸を北上してきた北部九州の叉鍬の影響が加わって成立したものと考えている。また一方で，畿内から近江を通じて北陸に伝播するル

ートの存在も考慮にいれておく必要がある。この北陸系ナスビ形曲柄鍬はさらに東漸して長野から北関東へと進出する。

一方，太平洋側に目をむけると，畿内系ナスビ形曲柄鍬は河内平野から大和・伊勢ルートと山城・近江ルートを通じて東海地方へとその勢力範囲をのばしてくる。ところが北伊勢まで進出したナスビ形曲柄鍬は，ここで行く手をはばまれて尾張以東には流入しない。現在のところ愛知・静岡・神奈川などからは弥生末～古墳前期のナスビ形曲柄鍬が全く出土していないのである。これらの地域の曲柄鍬は軸部がナスビ形にならずに断面がカマボコ形の棒状を呈し，上端付近に紐掛け用の溝を切っている。叉鍬の刃部の形態は畿内系ナスビ形曲柄叉鍬の影響をうけて，弥生中期のものにくらべて幅広く，かつ偏平化する。平鍬の刃部は両肩を斜めに切りおとした縦長の方形ないしは長楕円形の平面形を呈する。以上の特徴をもつ曲柄鍬は尾張地方を中心とした東海地方に集中して分布することから，東海系曲柄鍬と名づけることとする。畿内系ナスビ形曲柄鍬をもたずに，東海系曲柄鍬のみが出土する遺跡は愛知・静岡・神奈川・千葉など，東海から南関東にいたる，のちの東海道に相当する地域に広がっている。尾張から西では三重県津市太田遺跡からも出土しているが，この遺跡に近接する納所・橋垣内遺跡などでは畿内系ナスビ形曲柄鍬が出土しており，北伊勢地方が東海系と畿内系の接点であったと考えている。近畿地方の周縁部に残る非ナスビ形の曲柄鍬も，東海系曲柄鍬である可能性が高い。また，東海道ルートとは別に，東海系曲柄鍬は尾張を起点として，のちの東山道ルートを通じて長野・群馬へと進み，北関東に広がる。ここで，山陰・畿内から北陸を経て，長野から北関東に進出してきたナスビ形曲柄鍬と出あうこととなる。

4 東海系と山陰・畿内・北陸系の融合

長野市石川条里遺跡では東海系曲柄平鍬・叉鍬と山陰系あるいは畿内系の三叉のナスビ形曲柄叉鍬が共伴している。群馬県高崎市新保遺跡からは東海系曲柄叉鍬と方形柄孔の北陸系ナスビ形曲柄叉鍬，さらに山陰系あるいは畿内系のナスビ形曲柄叉鍬が出土している。

このように，東山道で出あった東海系曲柄鍬と

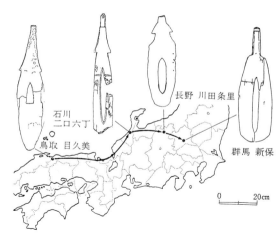

図4　スカシ（スリット）入り曲柄平鍬の東漸

山陰・畿内・北陸系のナスビ形曲柄鍬はさらに進路を北にむけていく。宮城県の仙台市中在家南・富沢遺跡，小牛田町山前遺跡では東海系曲柄鍬が，仙台市押口遺跡からはナスビ形曲柄叉鍬が出土している。

以上のような山陰を起点とした日本海ルートによるナスビ形曲柄鍬の北進と東海系曲柄鍬の東山道ルートによる東進を検証する，さらに有力な手がかりがある。それは山陰地方に起源をもつ，刃部に三角形のスカシがあく曲柄鍬の分布である。島根県松江市の西川津・タテチョウ遺跡，鳥取県米子市の目久美遺跡出土の刃部に三角形（少数だが長方形もある）のスカシをもつ曲柄鍬は北進し，北陸地方の石川県金沢市二口六丁遺跡出土のナスビ形曲柄平鍬では縦長のスリットにそのかたちを変える。スリット入りナスビ形曲柄平鍬は長野市川田条里遺跡からも出土し，さらに東に進んで群馬県の新保遺跡では東海系曲柄鍬と融合し，東海系の軸部をもつスリット入り曲柄平鍬へと変化をとげていくのである。

5　U字形鉄刃の出現と東海のナスビ形化

5世紀中葉頃，近畿地方ではナスビ形曲柄平鍬の刃部にU字形の鉄刃が装着されるようになる。それにともない，これまでナスビ形の受容を拒絶して独自の曲柄鍬をつくりだし，中部・関東・東北の東日本一帯にそれを分布させてきた東海地方にも，このU字形鉄刃のつくナスビ形曲柄鍬が流入してくる。岐阜市宇田遺跡・春日井市勝川遺跡からの出土例がそれである。このナスビ形曲柄平鍬は規格化されたU字形鉄刃にあわせてつくった

ためか，従来の地域色を喪失して画一的な形態となる。

その分布範囲は近畿地方を中心に東は尾張・美濃，西は瀬戸内海沿岸地域から北部九州にいたっている。この時期，直柄を装着する平鍬の出土量は激減し，鍬類のほとんどをナスビ形曲柄鍬が占めるようになる。

6 新たな地域色の顕在化と
　 ナスビ形曲柄鍬の消滅

5世紀中頃に出現したU字形鉄刃とともに画一的な形態のナスビ形曲柄平鍬はまたたく間に全国的に広がり，古墳時代を通じて盛行する。古墳時代が終わりをむかえる6世紀末から7世紀初頭頃にはナスビ形曲柄鍬に新たな動きがあらわれる。

まず，畿内中心部からナスビ形曲柄鍬が姿を消す。そして，東北から関東，東海，瀬戸内海沿岸～北部九州の大きく3地域にナスビ形曲柄平鍬の地域色がわかれてくる。

それぞれの特徴を述べると，東北から関東ではナスビ形の笠部が退化して小突起状になり，刃部は肩の部分がナデ肩となって，全体の形状は縦長の楕円形に近くなる。

東海でも笠部の退化が著しく，細長の三角形を呈する。刃部は寸詰まりで肩の部分が極度に発達する。すでに5世紀末頃の勝川遺跡出土例にその傾向がみられる。

瀬戸内海沿岸から北部九州では東海地方とよく似た形態をしめすが，笠部が立体的なつくりで，くびれ部が溝状をなす。特徴的なのは笠部の平坦な面に小孔を穿つ点である。貫通しない例が多いため，柄を通す孔ではなく，柄と結合する際に栓状の材を用いてとめるためのものであろう。これとよく似た結合法をとる例として，奈良の正倉院南倉に納められている子日手辛鋤（ねのひのてがらすき）がある。これはいわゆるナスビ形の笠部をもたずに横木を組みあわせており，踏み鋤状に着柄されている点が通常のナスビ形曲柄鍬と異なるが，柄との結合法の点で瀬戸内～北部九州例との共通点がみいだせるのである。この子日手辛鋤には天平宝字2（758）年正月の紀年銘がある。

以上の3地域においても，ナスビ形曲柄平鍬は奈良時代末期から平安時代前期にほぼその姿を消していく。子日手辛鋤は畿内中心部におけるその最終末の姿とみることができるかもしれない。

7 ま と め

以上みてきたように，ナスビ形曲柄鍬は弥生中期中葉～後半頃に北部九州を除く東海以西の地域に分布していた曲柄鍬のうち，吉備地方のタイプが形態変化をとげて出現し，まもなく山陰に伝播してここで定型化し，日本海ルートを通じて北陸へと達する。弥生後期後半には別ルートで近畿に伝わり，ここで定型化して西日本一円に広まるが，東海はこれを拒絶して非ナスビ形の曲柄鍬を創出し，東日本にこれを広めていく。一方，山陰から北陸へと進出したナスビ形曲柄鍬は北部九州の影響をうけて北陸でまた新たなかたちを生みだし，中部から北関東へと進出して東海系と融合し，さらに東北へと伝播していく。5世紀中葉頃に出現したU字形鉄刃はこの状況を一変させ，東海にもこの鉄刃のつくナスビ形曲柄平鍬が流入して定着する。その後，ナスビ形曲柄鍬は全盛をきわめるが，古墳時代の終末とともに，まず畿内中央部から姿を消し，その他の地域ではそれぞれの地域色をもちつつも平安前期には全国的に消滅する。

弥生末から古墳前期頃の畿内系ナスビ形と東海系が対立する図式は，そのまま土器における庄内・布留甕とS字甕の分布のあり方におきかえられる。また，時期ごとの形態変化や地域色の変遷は土器のそれとほぼ対比できる。このようなナスビ形曲柄鍬の消長は，これまで多くの人々が抱いてきた木製農耕具のイメージを大きく変えるものといえよう。さらにいえば，このナスビ形曲柄鍬が伝播した道は，すなわち稲作が伝播した道でもあったのである。

以上，「耕作の道具」としての農具を，との編集者の意図に反して，あえてナスビ形曲柄鍬における地域色の変遷のみを論じてきた。それは木製農耕具が土器などと同様に機能とは異なる側面をもち，考古遺物としてさまざまな角度からの研究法が可能であるということを広く認識していただきたいためなのである。

引用・参考文献
上原真人「農具の変遷―鍬と鋤」季刊考古学，37，1991

末永雅雄・小林行雄・藤岡謙二郎『大和唐古弥生式遺跡の研究』1943

樋上　昇「木製農耕具研究の一視点―ナスビ形農耕具の出現から消滅まで―」考古学フォーラム，3，1993

狩猟のための道具

北海道埋蔵文化財センター　鈴木　信（すずき・まこと）
長野県埋蔵文化財センター　臼居直之（うすい・なおゆき）

弓は狩猟の目的からやがて武器として使われ，さらに祭祀色の強い弓も登場する。そして弥生，古墳をへて現代の和弓につながる

1 縄文時代の狩猟弓

縄文時代の弓は，樹皮・糸巻，赤・黒漆が施された飾り弓と狩猟などに使われる素木弓がある。

飾り弓の中の樹皮巻き弓については，アイヌの狩猟弓にも存在し，弓幹強化のために巻くという。樹皮巻，漆塗によって弓幹の防湿・強化を意図としていた可能性があり，加飾の有無をもって狩猟弓か否かを判断することはできない。

弓には以下の分類基準がある。

大きさには，150 cm 前後の長弓と 100～70 cm の短弓と 60～30 cm の小型がある。小型弓は，弓錐などの工具の用途が考えられる。

形態は，弦を外したときまっすぐになる直弓と外しても彎曲している彎弓がある。さらに彎弓には，弦を外したとき弓背側に反り返る反曲弓と弭付近が弦側に反り返ってM字になる半弓形弓がある。縄文時代の出土例はほとんどが直弓で，少数の反曲弓がある。

構造による分類は，1本の素材で作った単体弓。単体弓の弓背に補強のための別材を付けた強化弓。本体が複数素材から成っている合成弓。そのほかには，本体を複数継ぎ合わせた複合弓がある。

単体弓は木取によって，丸木弓と木弓に分れる。縄文時代の出土例はほとんどが丸木弓で，少数の木弓がある。合成弓は青森県是川遺跡に1例あるとされている。この例は割裂が著しく，一見複数素材に見えるが，心持ち材の割裂にも見える。

弓幹加工の分類。丸木弓について3種ある。節・樹皮を残す（A）。小枝・節・樹皮を除いて，弭付近を削り整える（B）。弓幹全体を削り整える（C）。

弭の分類は，削りの有無，刻みが全周するか否か，側面の加工が基準となり，12形態に分れる。

　a：節の膨らみを利用し，削りなどの加工を加

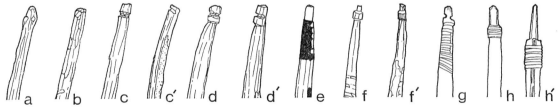

表1　縄文時代の弓の変遷（下）　　　　　図1　弭の形態分類（上）

		前期	中期	後期			晩期			
素木弓	丸木弓	2ab焦 2c	2ab焦 2c	2ab焦 2c	1bcd'f' 2bcc'd'	1c 2c	1c 2cd 3cg'	3bd'	3bd'ef	3g
	丸木小型	2ac	2ac	2ac	1bcd 2bf'		2c	2b		
	木弓						3f樋			3h'
飾り弓	丸木弓	b皮 a焦漆 ?皮漆	f皮		f皮 e赤樋 ?黒糸 be黒赤糸	?黒糸樋	d'g皮樋 c'd黒糸樋	e赤皮 bd黒赤樋 ?赤糸	hh'漆皮樋
	木弓			d黒皮 ?黒糸 b黒赤糸縄	?黒				
	遺跡名	鳥　浜（福井）	加茂（千葉）	寿能（埼玉）	寿　能	忍路土場　美々4（北海道） 寿　能　伊奈氏屋敷（埼玉） 宮田泥炭（千葉）寿　能 松原内湖（滋賀）	萩内（岩手）南借当（千葉） 中山（秋田）滋賀里（滋賀） チカモリ（石川） 猿貝北（埼玉）	大日向Ⅱ（岩手） 米泉（石川）	荒屋敷（福島） 菜畑（佐賀）

略号：焦がし―焦、黒漆―黒、赤漆―赤、樹皮―皮、糸巻き―糸　飾り弓の弓幹への加工は全て3

29

えないもの。b：削りによって円・尖頭状に加工し，刻みは付けないもの。c：刻みを全周させるもの。c'：刻みを弓腹側まで回らさないもの。d：彄部分を削り残すことで頭部を作出し，そこに刻みを全周させるもの。d'：刻みを弓腹側まで回らさないもの。e：彄部分を円筒状に削るもの。f：彄部分を凸帯状に削り残すもの。f'：弓腹側にまで凸帯を回らせないもの。g：側面側にV字の刻みを入れるもの。h：側面側に緩やかな肩を作出するもの。h'：明瞭な肩を作出するもの。

2 弓の変遷

早期の弓 鳥浜貝塚で押型文土器に伴う素木丸木弓B・bが出土している。

前期の弓 前葉にはすでに素木丸木・小型弓の組合せが成立している。前～中葉の素木丸木弓は本・末彄が同じでbであり，中葉にはcが出現する。小型弓は本・末彄が同じでa・cがある。前半までは彄部分を焦がして加工することが盛んに行なわれる。中葉に飾り弓が出現する。飾り弓の弓幹への加工はCで，丁寧さは晩期まで変わらない。

中期の弓 寿能遺跡から後半の例が1点出土している。注目点は，木弓，漆＋糸巻き，樋の出現である。これらの要素は晩期まで引き継がれる。

後期の弓 中葉以降，素木丸木・小型弓の彄が多様化し，dが出現する。本彄bに末彄c～f'が組み合う例が多くなる。飾り弓は糸巻きの例が多くなる。

晩期の弓 素木丸木・小型弓の弓幹への加工は，後期末晩期初頭にA・BからCへ変化する。彄の多様化は前代から引き続いており，g・h・h'が出現する。これらには弥生時代の例からb・c・gが本彄であろう。飾り弓は赤漆が多用される。

3 民族例からみた狩猟弓

アイヌ民族の弓は，素木丸木弓C・e＋（鹿角製彄，彄部分の穿孔）とこれに樹皮を巻いたものがある。この弓は，和弓などの合成弓に較べて湿度の影響が少なく，使用時の天候条件に腐心する必要がなく狩猟（野外活動）に適している。またこの弓は本・末彄が異なる例が多い。『夷酋列像』の中には，縛りによって弦を懸ける人物が描かれている。彄が異なることは縛りによる弦懸けと関係がある。彄は単純な彄に縛られ，次に溝が切ってある彄を使って張力を調整しながら張ったと考えら

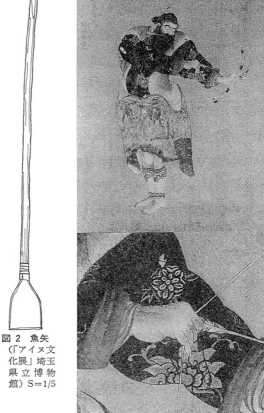

図2 魚矢（「アイヌ文化展」埼玉県立博物館）S=1/5

図3 「夷酋列像・矢莫窒（シモチ）」（『松前波響』より）

れる。縄文時代の彄も構造的には同じである。

図3・上は弓を引く人物図である。弦は顔の後まで引いていない。また次の矢を手と髪の中に用意している。図3・下は手の拡大である。親指と人差指で引いておりモースの射法分類のPrimary releas（弦を強く引かない）である。アイヌ民族の射法が狩猟のためのもので，速射・連射を第一とし，殺傷効力は烏頭毒矢で補ったことと合致する。縄文時代の射法も近似していた可能性が高い。

なお前述より，烏頭毒が使用されなかった地域では飛翔貫通力のみによって殺傷力を高める弥生時代的弓への移行が早かったと考えられる。

図2はアイヌ民族の魚矢である。弓を使っての漁撈は世界各地にある基層的な方法である。アイヌ民族の場合は夜間，浅瀬の松明漁で使われ，小魚を主な対象とし，子供や婦人も行なったようだ。北米ではサケやカワマスも対象にしている。縄文時代の小型弓の用途もこのような可能性がある。

執筆にあたり，菊池慈人，澤田 健，田中哲郎，中村

潤子，藤本昌子，三浦正人氏の協力をいただいた。厚くお礼を申し上げる。　　　　　　　　　（鈴木）

4　狩猟弓から武器弓へ

　遺跡出土の弓に関する研究は，戸田，渡辺，楠による分析に詳しく，今後の研究も三者に負うところが大きい。ここではこれらの研究を踏まえて出土木製品に関する所見を述べてみたい。

　「上長下短」の形態をもって誕生した弓は，弥生・古墳時代を経て現代の和弓へと引き継がれていく。弥生時代の弓の種類は縄文時代と同様「素弓」と「飾り弓」があり，その多くが直弓の丸木弓と反曲弓である。個別形状においても前時代と同じ分類が該当する。異なる点は，①弓弭の形状にⅠ～Ⅲ類が加わり，後期にはⅡ類の凸状の形状に統一されていくこと。②弓幹の長さは110cm前後が最も多く，150cmを越えるものが出現すること。③西日本では用材にカヤが用いられることである。そして他の時代との大きな違いは，④出土量が圧倒的に多く，しかもその9割以上が破損して出土していることである。①の変化は張りの強度をました弦かけ（弦輪）を可能にした形状であり，繰り返し一定の方向に固定した引き込みができる構造である。③は強度・弾力性に優る点で，イヌガヤからの用材転換である。弓腹に樋を切るものが多いこともやはり強度の強化と関係が深い。形状から主とした機能が狩猟なのか武器なのか判別することは難しいが，楠は①・③への変化を鏃と合わせて武器弓への発達過程と捉えた。③に関して見れば東日本では古墳時代後期までイヌガヤ主体の選択である点疑問が残るが，弥生時代における弓の構造変革は重量の増した鏃を的確に放つことを可能にしたことは間違いない。

　戸田によると「上長下短」構造の長弓は180cm程度が限度としている。とするとこれを越えるものは，非実用品と見るべきであろう。弥生時代では大中の湖南・安満遺跡の例。古墳に副葬（七廻り鏡塚古墳など）された飾り弓などが該当する。これらを除外すると完存して出土したものは100～160cmに集中する〔朝日遺跡144.8/106.5，国府関遺跡118/116，鬼虎川遺跡121.8/

141.2など〕。地域による時間差を考えると弥生時代，西日本から武器弓への変化が浮かび上がり，それはまさに社会情勢を裏付けている。

5　捨てられた弓——弥生時代の狩猟弓

　弓の機能がすべて武器とされているわけではなく，先述した構造変化は狩猟をも容易にしたことは間違いないであろう。桜ケ丘銅鐸などに描かれた鹿の狩猟絵画や80cm以下の短弓が存在することも事実である。ただ狩猟の目的・方法が縄文時代と大きく異なったのではないだろうか。弓の出土で最も多いのは弥生時代である。東北地域を除く全国から400点余の出土報告があるが，その多くは破損したものであり完存するものは30例に満たない。また出土する場所も旧河川・水田・水路・低湿地帯と多岐にわたっている。

　群馬県新保遺跡では集落に隣接する溝から多くの木製農耕具類とともに43点の弓が出土している。いずれも使用時に破損したもので完形がない。山田は短弓が多いことに着目し，共同して小形の対象物を集団で狩猟する方法の表われとし，狩猟弓の一括廃棄が意図的に行なわれた可能性を示唆している。戸田は狩猟弓に関して狩猟生産の確保とともに，水稲耕作による農地の拡大からの鳥獣駆除の役割も担っていたという側面を考えた。農具とともに廃棄されたことは，共同所有と見ることが可能である。この時点で弓の所有が持てる者と持たざる者に変化していったといえる。

　新保遺跡例にも見られるごとく素弓に混じって少数の飾り弓が存在する。飾り弓が非実用的で祭祀的色彩の強いものであることは用材の面からも伺えることであるが，飾り弓をも廃棄したという意味はどういうことか。

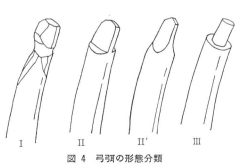

図4　弓弭の形態分類

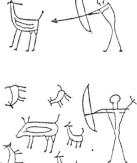

図5　伝香川県出土銅鐸絵画「上長下短」の弓

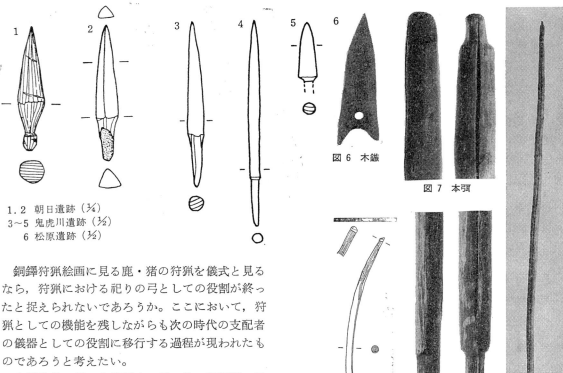

1・2 朝日遺跡 (¼)
3〜5 鬼虎川遺跡 (½)
6 松原遺跡 (½)

図6 木鏃
図7 本弭
図8 末弭
図9 朝日遺跡出土の弓 (1/8)
図10 川田条里遺跡出土の弓 (全長 166cm)

銅鐸狩猟絵画に見る鹿・猪の狩猟を儀式と見るなら，狩猟における祀りの弓としての役割が終ったと捉えられないであろうか。ここにおいて，狩猟としての機能を残しながらも次の時代の支配者の儀器としての役割に移行する過程が現われたものであろうと考えたい。

古墳時代の弓は古墳出土の弓の他，旧河道，居館関連遺跡からの出土がある。この出土からすると武器弓の様相がより鮮明になっていく。三ツ寺遺跡例に見るごとく多くの素弓のなかに飾り弓が存在する。飾り弓で前代と異なる点は，弓弭の下に小孔を穿つもの（七廻り鏡塚古墳例）や糸巻きによって「重菱形文」を作り出す（城之越遺跡例）など儀器としての分化も明瞭化する。古墳時代の弓も前時代からの流れの中に置くことができるが，弭形態が弥生時代以上に凸状になるものが多く，弓腹の樋も幅を増す。該期で狩猟具・武具の識別をするとすれば弓の径で細弓・太弓の違いとして現われるのではなかろうか。

今後広く地域・時間差の観点から，出土弓の所有の限定など詳細な遺物の検証が必要である。弓に関する課題は数多く残されているといえよう。

6 木鏃について

木鏃は形状によっては漁撈具と識別し難いため，刺突具とされている中にも存在する可能性がある。鬼虎川・朝日・タテチョウ・佐賀東宇木・長野松原遺跡などで出土している。木鏃の大半は，青銅・鉄製品の模倣として捉えられる。2は三稜鏃，4〜5は尖根鏃であり，1・2は祭祀品としての可能性が強いが，いずれも武器矢である。6は中部地域では普遍的に見られる磨製石鏃の形状であり，実用品と判断される。木製鏃が金属器と同様の用途とすれば武具であり，狩猟儀礼の儀器と考えられる。

小稿を記すに際して山田昌久氏よりご助言を，西嶋力氏にはご協力を得た。感謝申し上げたい。　　(臼居)

参考文献
1) 名取武光「アイヌの民具」物質文化，2，1963
2) 後藤守一「上古時代の弓」民族学研究，3−2，1937
3) 戸田 智「古墳時代の鉄鏃および弓の機能的分類」古代学研究，79，1976，「狩猟と農耕祭祀の弓矢について」古代学研究，82，1977，「射型・射技の変遷とその分類」古代学研究，88，1987
4) 渡辺一雄「弓・矢」『弥生文化の研究』1985
5) 楠 正勝「弓について」『金沢市 新保本町 チカモリ遺跡』1986
6) 山田昌久「新保遺跡出土 木製品・加工材」『新保遺跡Ⅰ』1986

弓出土の報告書関係などは割愛させて頂いた。

狩猟用具の木の選択

■ 松田 隆嗣
福島県立博物館

弓は，弓幹と弦よりなり，その素材の反発力や張力を利用して矢を射る道具である。矢を強く遠くに飛ばすには，強い反発力をもつ素材を用いて作る必要がある。この意味で弓は，その素材の影響を極めて受け易いものであり，弓の性能を左右する大きな要因の一つがその用材であると言えよう。

反発力の強い弓をどのようにして追求してきたかというと，素材の点から見ると大きく二つに大別できる。一つは，一本の単一な素材で作られているものであり，もう一つは，幾つかの素材を張り合わせることにより性能をより向上させようとした弓であり，いわゆる合せ弓と呼ばれるものである。

弓の用材としては，古事記，日本書紀などの記載にあるようにあづさ（阿豆佐・阿豆瑳），まゆみ（痲由美・摩由瀰），つき（槻），はじ（櫨・波士）などが古くからよく知られている。

これらの植物は，今日のどの樹木に相当するかは意見の分かれるところである。一般的には，あづさはヨグソミネバリ（カバノキ科），まゆみはマユミ（ニシキギ科），つきはケヤキ（ニレ科），はじはヤマウルシ（ウルシ科）とされ，すべて広葉樹である。

また，近年，各地の遺跡から数多くの弓が出土し，縄文，弥生，古墳時代といった記録のない時代の弓の用材についても，明らかになりつつある。

これら弓の用材をみると，イチイ，カヤ（イチイ科），イヌガヤ（イヌガヤ科）やイヌマキ（マキ科）などの針葉樹が大部分を占め，ついで広葉樹のカシ類（ブナ科），ケヤキ（ニレ科），マユミ（ニシキギ科），ヤマグワ（クワ科），ヤナギ（ヤナギ科）などの用材が用いられており，古事記，日本書紀などの記載とは異なる。

イチイ，カヤ，イヌガヤといった木は，弓の用材としてはあまり知られていないかもしれない。しかし，アイヌの人たちは，イチイ（オンコ）を用いて作った弓で狩猟を行なっており，狩猟にはその実用性を十分に発揮したことは明らかである。このイチイのことをアイヌ語でクネニとも言い，クは「弓」を，ネは「なる」を，ニは「木」を表わし，「弓を作る木」の意味となる。また，イチイの学名の *Taxus cuspidata* Sieb. et Zucc. やイヌガヤにつけられている *Cephalotaxus harringtonia* K. Koch *f. dropacea* Kitamura の *taxus* と言う言葉は，ギリシャ名の弓を意味する Taxos からつけられた学名であり，中世のイギリスではヨーロッパイチイの木で弓を作ったことに由来するとされる。

では，地域により用いられた用材にどのような相違が認められるか見てみると，縄文時代では，北海道におけるハイイヌガヤ，東北（青森，岩手）におけるイチイ，関東（埼玉，千葉）におけるイヌガヤ，北陸（福井）におけるカシ類，関西北部（滋賀）におけるイヌガヤ，九州におけるカヤの利用が顕著である。

弥生時代においては，北海道，東北については該当する資料がなく，その状況は不明である。関東から近畿北部および東部の地域では，愛知，静岡の一部を除きイヌガヤの利用が極めて顕著である。この愛知，静岡の地域では，イヌマキが用いられており，これは他の地域に認められない大きな特徴と言える。近畿中部から中国，九州にわたる地域では，カヤの利用が顕著であり，イヌガヤやイヌマキの利用は極めて少ない。

古墳時代にはいると，比較できる資料の数が少ないため，明確な状況はつかめないが，関東から近畿圏にわたるイヌガヤの利用については，大きくは変わらないようである。

このように見てくると，関東から近畿北部および東部におけるイヌガヤの利用，そして，それ以西の地域におけるカヤの利用という傾向は，縄文時代から弥生時代に

古事記 上巻	古事記 中巻	日本書紀 神代下	日本書紀 巻第十一	東大寺献物帳	倭名類聚抄 巻二十
故爾天忍日命，…「取二持天之波士弓一，…	知波夜比登…阿豆佐由美痲由美…	干時，…手捉二天櫨弓・天羽羽矢一，…	時太子其屍、…阿豆瑳由瀰摩由瀰一	梓御弓…槻御弓…檀御弓…小檀御弓	槻 唐韻云槻音規和名豆木乃木 木名堪作弓也

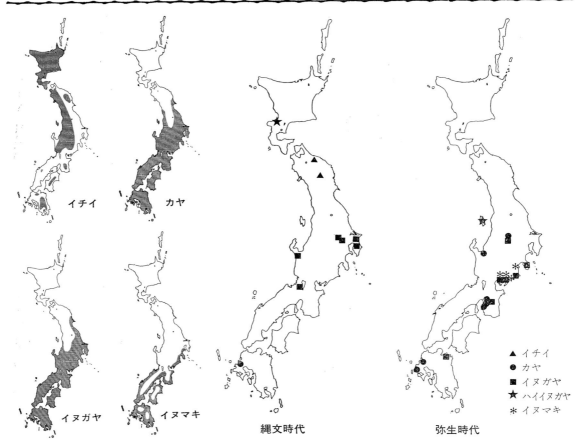

図1 イチイ，カヤ，イヌガヤ，イヌマキの植物分布　　図2 弓の用材の地域による利用状況の相違

かけて大きな変化はなかったのではないかと思われる。古墳時代については，西日本の資料が少なく明確ではない。

このような地域による相違は，一見すると植物分布の相違に依存しているようにも考えられるが，必ずしも植物分布のみでは説明することはできない。

ハイイヌガヤとイチイは，その分布地域は若干異なるが比較的よく似た分布地域をもっており，北海道におけるハイイヌガヤの利用や東北におけるイチイの利用は，植物分布によるものと説明できる。また，愛知，静岡の地域では，イヌマキで作られた木製遺物も多数出土しており，イヌマキが極めて入手し易かったため弓の用材にもイヌマキが選択的に用いられたのであろう。

しかし，カヤとイヌガヤについては，その分布地域が極めて類似しているにもかかわらず，弓の用材の利用状況は，近畿圏を境として東と西では大きく相違している。この相違については，植物分布のみの観点からでは説明できないことである。千葉，埼玉では，カヤで作られた丸木船が出土しているし，西日本でもイヌガヤ材の出土は珍しくない。この弓の分布域の相違が，どのような要因に基づいているかは不明である。

一方，古事記などに記載されているマユミ，ケヤキと言った用材も数は少ないが用いられている。これらの樹木は，縄文時代中期あるいは弥生，古墳時代の資料に認められ，かなり古い時代から弓の用材に適していることが知られていたことは明らかである。

また，他に用材として用いられているカシ類，トネリコ，ノリウツギ，ハクウンボク，ザイフリボクなど，木としては堅硬な材が選択されている。しかし反面，ヤナギで作られた弓あるいは飾り弓が出土している。このヤナギという木は，一般に軽く軟かいのが特徴であり，狩猟に用いるような弓として必ずしも適切な用材とは言い難い。むしろ，狩猟用と考えるより儀礼的な用途に使用された弓と考えた方が適切であろう。

気候的な点からみると縄文時代早期末から中期にかけての間は，温暖な時期であったことが知られている。このため植物の分布は，この期間と縄文時代中期以後では，異なる可能性も存在する。しかし，この点まで考察するだけの資料がないことから，検討はしなかった。

編み物の容器
――籠と筌・箕――

名古屋大学教授
渡辺　誠
（わたなべ・まこと）

カゴ類と土器とは機能的に補完関係にあるが，稲作とともに伝わった箕や筌も編み物として注目される

　カゴ類に代表される編み物の容器は，土器のように液体を入れたり，煮沸に用いたりすることはできない。しかし通風性があり，軽いこと，自由にいろいろな形やサイズのものを作れること，より硬いものを入れても壊れたりしないことなどの，多くの利点をもっている。

　すなわちカゴ類と土器とは，機能的には補完関係にあるのであり，遺存しにくいことと，土器の編年研究偏重のあおりを受けて，植松なおみ氏の研究[1]を除いて，系統的な研究の行なわれていないのが現状である。

1　縄文時代のカゴ類

　はじめに，編み物のうち平面的なものを敷物，立体的なものをカゴ類として，大まかに分類することにする。縄文時代にはそのどちらとも明確でない編み物の断片や，土器底部の圧痕が多量にみられるが，ここでは明らかにカゴ類とみなせるものに限定する。それらの確認のポイントは，底部の編みはじめ部分と，縁止めである。

　上記の条件に従い，明らかにカゴ類といえる縄文時代の第一次資料（実物）は，筆者の乏しい知見では，次の17遺跡出土の39例である。編み方には，網代編み（A）と，手によるもじり編み（B）とがある。

1) 青森県西津軽郡木造町亀ヶ岡遺跡（晩期，A5点，籃胎漆器）
2) 青森県北津軽郡板柳町土井1号遺跡（晩期，A2点，籃胎漆器）
3) 青森県八戸市是川遺跡（晩期，A3点，内2点は籃胎漆器）
4) 宮城県栗原郡一迫町山王遺跡（晩期，A8点，籃胎漆器）
5) 宮城県玉造郡岩出山町根岸遺跡（晩期，A1点，籃胎漆器）
6) 福島県大沼郡三島町荒屋敷遺跡（晩期，A1点）
7) 埼玉県岩槻市真福寺遺跡（晩期，A1点，籃胎漆器）
8) 東京都練馬区弁天池遺跡（後期，A2点）
9) 石川県能登郡能都町真脇遺跡（前期，B1点）
10) 福井県三方郡三方町鳥浜貝塚（前期，A2点，B1点）
11) 滋賀県坂田郡米原町筑摩佃遺跡（中期，A1点）
12) 鳥取県岩美郡福部村栗谷遺跡（後期，A1点）
13) 鳥取県鳥取市布勢遺跡（後期，B1点）
14) 山口県熊毛郡平生町岩田遺跡（晩期，A1点）
15) 佐賀県西松浦郡西有田町坂の下遺跡（後期，B2点）
16) 熊本県宇土市曽畑貝塚（A5点，内4点は前期，1点は後・晩期）
17) 熊本県牛深市椎ノ木崎遺跡（後期，B1点）

　これらは湿地の貯蔵穴に残されていたことや，漆によって辛うじて残存したのであり，39例中半数に近い19例までが籃胎漆器である。この籃胎漆器は東北地方の晩期に最高潮に発達したもので，縄文文化の工芸水準を誇示している。それらは漆製品である上に小型でもあり，日常生活に使われたとは考えられないものである。

　それらの形態は，a：ザルまたはカゴ状を呈するタイプ，b：筒状を呈するタイプ，c：球状・壺状を呈するタイプなどがある。aに漆を塗り目つぶしをすれば皿状を呈し，その内面に赤と黒による文様が描かれることもある。

　籃胎漆器とそれ以外の形態を比較すると，aでは25例中16例，cでは4例中3例が籃胎漆器であり，壺や文様をもつ飾られた皿が多く，祭器的である。またそれらはすべて網代編み製品である。

　籃胎漆器以外の例は，ザルまたはカゴ状を呈するaが9例，円筒状を呈すbが2例，球状のcが1例，不明7例である。そのうちaの1例，不明の2例はもじみ編みであるが，他は網代編みである。もじり編みは39例中4例にすぎず，網代編み

35

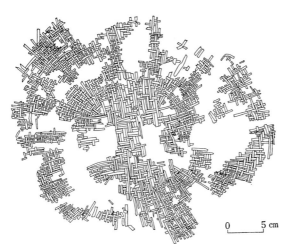

図1 熊本県曽畑貝塚出土のカゴ（縄文前期）

図2 東京都弁天池遺跡出土のカゴ（縄文後期）

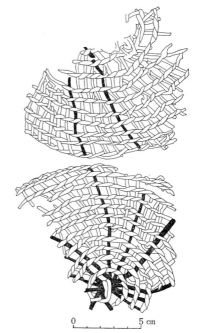

図3 佐賀県坂の下遺跡出土のカゴ（縄文後期）

が約90％の高率であるが，当時の姿をそのまま反映しているとみなすには，例数が少なすぎる。

次に，各形態の代表的な例を紹介する。

a）熊本県宇土市曽畑貝塚例（図1）

底部は2本1単位の材で「2本越え，2本潜り，1本送り」で編まれ，立ち上がっても同様であるが，その後の大部分は「1本越え，1本潜り」に変わっている。縁を欠くが，口径は 40 cm 位であろう。

b）東京都練馬区弁天池遺跡（図2）

底部は1本単位の材で「2本越え，2本潜り，1本送り」で編まれ，立ち上がると側面では2本1単位となり，間隔をあけて粗く編んでいる。

c）佐賀県西松浦郡西有田町坂の下遺跡（図3）

最初はザルといわれていたが，直径 9.5 cm の球形のカゴであることが判明した。蔓7本を束ねた後，手でもじり編みしてまず半球形に編むが，間隔が広くなるとU字状に新しい材を挿し，常に等間隔になるようにしているのが特徴的である。逆に上半はそれらを減らしながら縮め，きんちゃく状の口を作っている。

このほかに，錘を用いたもじり編み（C）がある。とくに北陸地方では，スダレ状圧痕としてこの編み方が特徴的であるが，これによるカゴ類はまだ出土例がない。しかしこのための錘（礫石錘）や骨針（底綴じ針）などからみて，先の二つの編み方とともに，錘を用いたもじり編みも広く分布していたことは明らかである。

編み方は，用途の他に素材とも関係が深く，また地域性も強い。スダレ状圧痕に示唆される地域性の問題も，今後の課題である。

材質の判明しているのは，次の3例である。

真脇遺跡・布勢遺跡例はヒノキ，曽畑貝塚の1例はカシ類である。民具の鉈袋・傘などにみられる，ミズナラ・ウリハダカエデなどの材を裂いて編む技法は，縄文時代以来の伝統をもつことがわかる。また坂の下遺跡・椎ノ木崎遺跡例は，種名は不明であるが蔓を用いている。

次に，若干の二次資料について記す。

第1は，九州地方の晩期にのみみられる組織痕土器である。福岡市羽根戸遺跡例は，その典型的な例である（図4）。これはザル状のものに粘土を貼り，型離れ材としての布や網を敷かなかったために，本来の形がよくわかる。とくに縁止めは興味深い。現在の籐細工にも，よくみられる手法である。

第2は，底部圧痕にみられる編み始めの部分である。これは現在，米の字編み，菊底などとよばれている手法そのものである（図5）。これはスダレ状圧痕と同様に，北陸地方に多い。

これらの二次資料に，上記の道具類などを加え

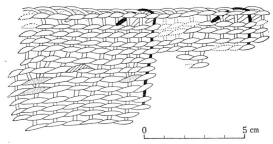

図4 福岡市羽根戸遺跡出土のカゴ圧痕陽像（縄文後期）

図5 石川県御経塚遺跡出土のカゴ底圧痕陽像（縄文晩期）

図6 奈良県唐古鍵遺跡出土の箕（弥生前期）

ることによって，遺存率の低いカゴ類の研究を深めていくことが重要である。

2 弥生・古墳時代の箕と筌

カゴ類の製作技法や素材の問題において，縄文時代と弥生時代とには重視すべき画期がある。弥生時代になると第一次資料（実物）が増加するが，ここではそのリストを提示することを略し，その画期の内容を，形態・製作技法と材質などを中心に記すこととする。

形態上は，箕と筌がとくに注目される。箕は穀類の風選に用いられ，農作業には不可欠で，稲作とともに伝えられたものである。

もっとも代表的な例は，弥生前期の奈良県磯城郡田原本町唐古鍵遺跡出土例である（図6）。蔓を押し潰して，あたかも2本ずつ編んだような外観を示す素材を，ヨコ材にしている。

他に，次の4遺跡より7例が知られている。

1. 兵庫県神戸市玉津田中遺跡（弥生中期）
2. 大阪府東大阪市亀虎川遺跡（弥生中期，2点）
3. 滋賀県愛知郡栗東町霊仙寺遺跡（弥生中期）
4. 静岡県小笠郡菊川町白岩遺跡（古墳前期，3例）

また，島根県松江市西川津遺跡（弥生前期）では底部圧痕もみられる。箕の編み方はザル目編みである。タテ材が太かったり間隔が広かったりするのに対し，ヨコ材が細くつまり，かつもっとも単純にタテもヨコも1本越えのものを，網代編みから区別してザル目編みとよばれている。そのなかでも箕のサイズには特徴があり，確認できる。

上記の諸例は，底部圧痕も含めてすべて唐古鍵遺跡出土例とおなじである。そしてその奥部は民具のタケ製品と異なり，折りたたんで整形されている。現在圧倒的多数を占めるタケ製箕は折りたたむことはない。ここからタケ細工が未発達であり，かつ籐箕のような折りたたみ整形法が，古形態であることがわかる。

箕の形態は風字形であるのに対し，南九州・沖縄のそれは円形で，バラとよばれている。このことからも，主流になる稲作は南島経由ではなく，韓国経由であることがわかる[2]。

稲作などと関連する箕ばかりでなく，筌もまた弥生時代に登場する形態である。これは新たに登場した水田や用水路などの，新環境に適合した農村型漁具であり，次の2遺跡より出土している。

1) 大阪府東大阪市山賀遺跡（弥生前期）

ヨコ型の筌で，旧大和川の一支流の河道より出土している。その編み方はもじり編みの一種であり，かえしは1段である。興味深いことに材質はカヤである。

2) 福岡県春日市辻田遺跡（弥生後期）

同様にヨコ型で，両端を欠く。本例のもっとも重要な点は，材質がタケであることである。しかもこれが最古のタケ製カゴ類である（図7）。

弥生前期の山賀遺跡例はタケではなく，その間に境があるはずであるが，おそらく鉄の普及が進む中期と後期の間が重要であろう。箕の場合は，

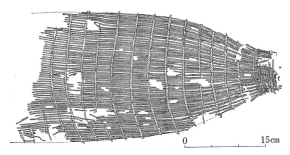

図7 福岡県辻田遺跡出土の筌（弥生後期）

図8 鳥取県福岡遺跡出土のカゴ（弥生前期）

古墳時代になっても，まだタケ製に変化していないことは，すでに記したとおりである。

3 コイリング技法の登場

縄文時代以来の伝統的な編みの技法である，網代編みともじり編みに加えて，弥生時代には新たにコイリング技法（絡み巻上げ）が伝わってくる。

この技法は，民具では円座・飯匱入れ，それに赤ん坊を入れたイジコなどとよばれるものに集中してみられ，しかもほとんどワラ製品であることから，弥生時代に伝わった技法であると推定されていた。

そして具体的な例は，兵庫県姫路市丁・柳ケ瀬遺跡（弥生前期）より断片が出土していたにすぎなかったが，1992年には鳥取県西伯郡淀江町福岡遺跡よりほぼ完全なザルが出土した。口径約20，底径約13.5，高さ約4.5cmである（図8）。前者とともに材質は，アケビ属の一種と鑑定されている。

またタケ細工と関係の深い六つ目編みも，弥生後期には出現していると考えられるが，現時点では奈良時代を上限としている。

4 米俵の問題

現在カゴ類は，タケ細工やワラ細工が当り前のようにみられているが，最初からそうだったのではない。長岡京跡のある京都の西山丘陵は，全国的に有名なタケ細工地帯である。しかし，かつて長岡京出土のカゴ類について検討したことがあったが，タケ製品は9例中1例にすぎず，他はヒノキとワラであったのであり，平安前期はまだタケ細工の発達の初期段階だったのである。

タケ細工の発達は刃物との関係が重要であり，庶民が細工物に自由にナイフなどを使えるようになるのは，弥生時代後期と考えられる。釣針のような消耗品が，骨角製品から鉄製品に変化するのもこの時期である。

弥生後期にはさらに重要な現象として，石包丁の激減がある。すなわち穂首刈から根刈りへの変化である。従来この解釈として品種の改良が進み，結実期が不揃いではなくなったためとされている。しかしこれは，それまで無視されていたワラの利用が始まったためとも解釈できるのである。

これに関連して，民具学の発展に貢献した渋沢敬三氏は，日本はコメとワラとを合わせた「稲の文化」であり，大陸はワラの利用の少ない「米の文化」であり，それ以前の「茎皮繊維文化」の伝統がワラ細工を発達させたのであるという，注目すべき見解を述べている[3]。確かに中国には米俵はなく，コメの貯蔵にはタケ籠が使われている。

米俵は日本で考案されたに違いない。縄文時代に特徴的に発達した「錘を用いたもじり編み」が，ワラという豊富な好素材に恵まれてできたものが，米俵であるといえよう。

そしてワラ細工の開始時期は，道具からの追求も可能である。これまでキヌタと誤解されることの多かったヨコヅチをみてみると，弥生前期に伝わったのは細くて長く軽い，大豆や小豆の収穫用であり，これから太くて短く重いワラ打ち用に分離発達するのが，弥生後期なのである。

またワラ細工に使われるのはモチ品種のワラであり，ウルチのそれではない。甑形土器の出現からみても，モチ品種の渡来は弥生後期で，ここから渋沢氏のいう「稲の文化」が始まるのである。

俵編みの目盛板の存在から，奈良時代に俵が存在したことは明らかである。それがいつまで逆上るのかは，今後の重要な検討課題である。出土品を列挙しただけでは，編物の歴史とその社会的背景をしることはできない。水野正好氏のいう想念のある発掘が大いに求められる。

註
1) 植松なおみ「古代遺跡出土のカゴ類の基礎的研究」物質文化，35，1980
2) 拙稿「弥生時代の箕」近畿民具，6，1982
3) 渋沢敬三「我国のワラ文化」『図説世界文化史大系月報』21，1960

生活のなかの構造物
―家・柵・木道・船―

奈良国立文化財研究所
■ 黒崎　直
（くろさき・ただし）

家や船などの大型の構造物は2つ以上の部材を組合せて作られ，
継手や仕口と呼ばれるが，その技術はすでに縄文時代に存在する

1 「継手」と「仕口」

　家や柵，木道，船など大型の構造物は，当然のことながら，2つ以上の部材を組合せて作られている。2つないしは数個の部材を一箇所で組合せ，かつそれらを相互に連結しながら使用目的にかなう構造物を作り上げて行くわけだが，その組合せの部分をいかに堅牢に仕上げるかで，仕上がった製品の品質が大きく左右される。

　この2つ以上の部材を組合せる工夫を，建築用語では「継手」や「仕口」と呼ぶ。「継手」とは材の長さを増すための工夫，「仕口」とは2つ以上の部材の片側あるいはその両方に加工を施して組合せる工夫であり，ともにその加工部分をも指す言葉でもある。大まかには，直線方向に材を組合せるのが「継手」，直交方向に材を組合せるのが「仕口」と理解して大過ない[1]。ではまず，「継手」と「仕口」の具体的な組み方を整理しておこう。

　継手か仕口かを問わず，部材の最も簡単な組合せは，平滑に切り落とした木口面ないしは側面を，突き合わせる「胴付」という方法（図1―1）である。キャンプファイアーの薪の組み方もこの「胴付」であるが，単に積み上げる以外，接合面の保持には縄で結ぶ（結縄）か，釘を打つ（釘止め）か，接着剤の使用が必要となる。

　継手の場合は，次いで2つの部材の木口面をL字型に等しく切り欠き，それを相互に組合せる「相欠継」という方法（図1―2）が簡便である。それ以降，一方に凸，他方に凹の加工を施して組合せる「目違継」（図1―3），「蟻継」（図1―4），「鎌継」（図1―5）などのように，しだいに組合せ部の加工が複雑になり，かつ凹凸の形状も多様に変化していく。

　それは仕口の場合も同様で，最も単純な「胴付」以降，一方の材のみを加工し2つの部材を組合せる「欠込」（図1―6），「大入」（図1―7）という方法から，両材の側面をコ字型に等しく加工して組合

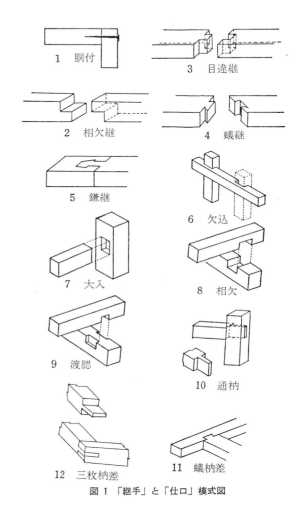

図1　「継手」と「仕口」模式図

せる「相欠」（図1―8）があり，さらに一方に凸，他方に凹の加工を施して組合せる「渡腮（わたりあご）」（図1―9），「通枘」（図1―10），「蟻枘差」（図1―11），「三枚枘差」（図1―12）などへと変化していく。

　このように継手や仕口は，木工具の発達にともなって，単純な組合せから複雑なものへと変化したであろうことが想像できる。ではどの時代のいかなる構造物に，先述した継手や仕口が用いられているのか，その点にも注目しながら，発掘調査

2 住居と建築部材

日本の住居は，縄文時代以来，柱や桁，梁，垂木，棟木などの「建築部材」を組合わせて構築する木質家屋が主流である。

縄文時代の竪穴住居では，先端を二股にした主柱とその上に乗る桁や梁，それに斜めに架けた垂木の組合せが，建物を支える骨組みである。主柱頂部の二股は，枝分かれを利用したもので，そこに桁や梁を乗せてから蔓草などで結びつけて固定する。その好資料が北海道忍路土場(おしょろどば)遺跡から大量に発見されている[2]。すなわち「欠込」仕口の原初的な姿がそれで，細かな仕口を大量に作りだせない縄文時代の工具の限界をよく示している。そしてその結合部をカズラなどの蔓性植物で縛り付ける「結縄」が，この時代の最も確実な固定方法である。

この結縄は，垂木の固定にも用いられる。垂木の上端は対向する垂木相互と斜めに交差して棟を形作るが，この交差部分と桁との接点を結縄によって確実に固定できれば建物の強度はより高まる。このため垂木の上端部に，結縄の緩みを防止する縄懸け用の「えつり」を作ったものが多い。おそらく桁との接点にも「欠込」仕口を兼ねた縄懸け用の「えつり」が作られたであろう。

頂部を二股に作る柱材は弥生時代にも引き続いて作られるが，この時代，頂部に枘を作りだした柱が新たに出現してくる。これは四角形に組まれた梁と桁の枠組みと対応し，桁と梁の結合部を，この柱頂部の枘が差し貫いたものと思われる。梁と桁は「相欠」の，また柱とは「通枘」の仕口によって結合されており，弥生時代における木工技術の高まりがうかがえる[3]。

同様な仕口は，弥生時代の高床建物にも見られる。すなわち柱と台輪・床板・鼠返しなどの組合せがそれで，ここでは，柱自体が長い枘となって上の各部材を差し貫いている（図2）。この場合，柱は床下部分が円，床上部分が角に作られており，角柱の部分が枘に相当する。最も下に組合わさる鼠返しの枘穴さえ正確に穿っておけば，その上に組む台輪や床板の枘穴はさして厳密さを要求されないという利点がある。一方，富山県桜町遺跡からは，縄文時代中期の高床建物の柱が出土している[4]。これは長さ3m，径22cmの丸太材で，ほぼ中ほどに貫通する方形の穴が穿たれており，その上には浅く抉った穴が2個対になって上下2段に穿たれていた（図3）。「大入」による組合せが，すでに縄文時代に存在したのである。

高床の建物内に入るためには，梯子か階段が必要である。このうち梯子の出土例は比較的多く，厚手の一枚板から踏面を削り出した形式の梯子が一般的である。現在の梯子のように，丸太材2本の間に横材数本を渡した梯子も，古墳時代には出現している。一枚板から作る梯子の上端には，台輪に取付けるための枘を作りだしたものが多い。

高床建物では，壁や妻側の覆いなどに板材が用いられたようで，草葺の屋根をそのまま地表まで

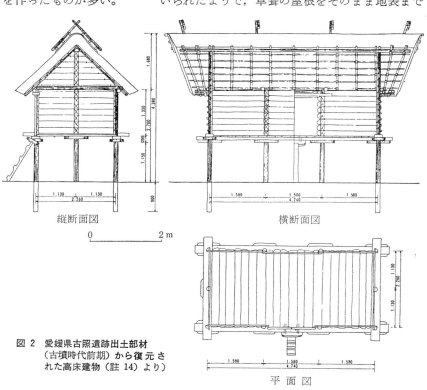

縦断面図

横断面図

図2 愛媛県古照遺跡出土部材（古墳時代前期）から復元された高床建物（註14）より

平面図

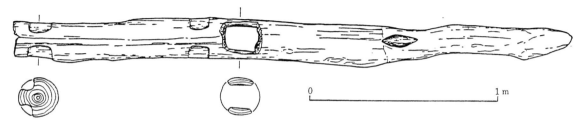

図3 富山県桜町遺跡出土柱材

茸降ろす竪穴住居とは壁の構造が大きく異なる。壁板は横方向に用いられたようで，両端にツノ状の突起をつくり出し，それを相互に組合せていく[5]。この壁板にみられる仕口は「相欠」ないし「三枚柄差」の範疇に入るものであるが，精密さを欠くため，より確実な固定は結縄に拠ったようである。いずれにせよ高床建物では床を貼る板材も必要で，「継手」「仕口」といった組合せ部の加工技術とともに，平滑な板材を作り出す製材技術の高まりとも深く関わっている。

奈良県和邇森本遺跡からは，古墳時代の板扉が発見されている。一つは閂受けを作り出した高さ83cm，幅34cmの板で，上下に開閉用の回転軸を作る。もう一例は閂受けを持たない高さ111cm，幅33cmの板材で，短い回転軸を作り出している。ともに高さが1m前後と低いから，高床倉庫の妻側に取り付けられた板扉であろう[6]。これに対し竪穴住居の開口部は，網代や莚などの編物を扉としたのであろう。

一方，地下に掘込まれた柱穴の底には，柱の沈下を防止するための板が置かれることがある。礎板と呼ばれるこの部材，中には丸太ないしはそれを半截したものもあって，「板」という呼び名は不適当かも判らない。大阪府瓜生堂遺跡では，その上に立つ柱の下面に「欠込」の仕口を作って，両者を組み合わせていた。福岡県平塚川添遺跡では上記と同じ仕口とともに，礎板側に「欠込」を作った例もある。ともに横方向のずれを防止する工夫であろう。また佐賀県土生遺跡から発見された柱材の下方には，いかだ穴と見られる一対の孔が穿たれていた。建物構造とは直接関係しないが，水運を利用した建築資材運搬の様子を知る貴重なデータである。

なお最近，佐賀県吉野ケ里遺跡や福岡県雀居遺跡，滋賀県下鈎遺跡などから，弥生時代の大型掘立柱建物跡があいついで発見された。直径40～50cmの大型の柱が約4mの間隔で3間×3間分並ぶ吉野ケ里遺跡の様子は，まことに規模雄大である。この上部に，いかなる構造の建物が復原できるのか，大いに興味を引くところであるが，その手がかりは残念ながらほとんど無い。宮本長二郎氏は，二重屋根を持つ高さ17mほどの高床建物であろうと推定する[7]。氏が描いた復原図(図4)では，巨大な高床建物ゆえ，柱相互を貫いて通る横材の存在，いわゆる「貫構造」を用いて建物を構築している。議論の分かれるところである。

3 柵と木道

日本海沿岸を中心に縄文時代後・晩期の集落跡から，奇妙な木柱列が発見されることがある[8]。「半截材円(方)形巨木柱列(ウッドサークル)」と呼ばれるように，半截した径50～90cm前後のクリの柱根を円形ないしは方形に配列した遺構である。石川県チカモリ遺跡では，径6.5mの円形になるよう10本の半截柱を約1.8m間隔で掘立てており，出入口に

図4 佐賀県吉野ケ里遺跡発見大型建物復元図(宮本長二郎氏原図)

41

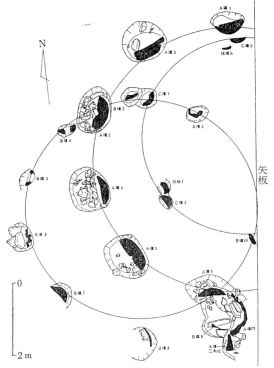

図5 石川県真脇遺跡の環状木柱列

図6 愛知県朝日遺跡発見「逆茂木」
（愛知県埋蔵文化財センター提供）

は別に2本の柱が門柱のように立つ。石川県真脇遺跡でも、同様な半截柱を円形に配置した径6mの遺構（図5）が発見されており、柱の下端には溝状の刻り込みや方形の穴が穿たれたものがある。運搬のための加工かと思われるが、本当の用途はわからない。

　最近では群馬県矢瀬遺跡から、一辺約5mの方形木柱列が発見された[9]。円形で半截面を外面に向けるチカモリ・真脇例と、方形で半截面を内面に向ける矢瀬例という相違はあるものの、宗教的な空間を作り出すという性格は共通するようである。ただしこの柱列は、上部で横方向の材で連結される建物などの構造物であったのか、単なる独立した柱列であったか議論の分かれるところである。調査関係者が作成した復元図では、独立柱が点々と並ぶ様子が描かれている。

　これに対し木柵の跡は、弥生時代の集落跡である秋田県地蔵田B遺跡から発見されている。60m×50mという集落の外周をめぐるこの柵木列、数棟の竪穴住居を守るように径20cmほどの材木をびっしりと立て並べていた[10]。柵木は、溝状の掘形の中に掘立てられており、ここでも横方向のつなぎ材はなかったと思われる。ただし柵木同士

は互いに接して連なっており、構造物として一体である。

　愛知県朝日遺跡で発見された弥生時代の「逆茂木」も、集落の周囲をめぐる木の構造物の一例である（図6）。幅約2mの環濠の中に設けられたこの遺構は、長さ1〜2mほどの枝のついたままの材を立てたり横倒しにして何本も置き、それにからませて杭を打って固定している。この逆茂木の内や外側には、さらに幾重にも濠や乱杭列があって、徹底した集落防御の様子がうかがえるという[11]。

　火山灰に埋もれていた群馬県黒井峯遺跡では、家の周囲にめぐらされた古墳時代の柴垣の跡が認められたし、滋賀県大中の湖南遺跡では、水田間を区画した弥生時代の柵木列が、横倒しになった状態で約90m以上にわたって発掘されている。ただしこの柵木、約4m間隔で打たれた杭に横材を縛り付けたものと復元されているが、あるいは水田内に設けられた木道であったかもしれない。

　湿地に造られた木道の跡は、縄文時代の埼玉県寿能遺跡や神奈川県古梅谷遺跡（図7）、埼玉県後谷遺跡などから、弥生時代では岡山県上伊福・南方遺跡などから発見されている[12]。寿能遺跡で

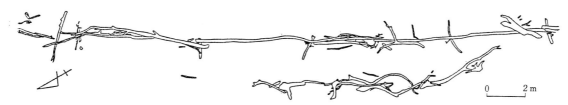

図 7　神奈川県古梅谷遺跡の木道

は，湿地の上に渡された幅1.5mほどの木道が数本発掘されており，もっとも長いものは80mにも及ぶという。基礎として置かれた枕木の上に，径約20cm，長さ約5mの丸太材を渡り木として道の方向に粗く4～5本配し，生じた間隔をさらに小型材で埋めながら木道全体を木杭で固定する。その構造は上伊福・南方遺跡でも同様で，微高地から沼地にかけて渡された幅約1mの木道が6m以上にわたって発掘されている。このように木道もまた，人の体を支える木の構造物であった。

4　船

わが国における先史時代の船は，考古遺物を見る限り，一木から作り出した「丸木舟」が主流を占める。その意味からすると，先史時代の船を「構造物」の範疇に含めることは正しくないかも知れない。しかし「いかだ」に始まり「丸木舟」「準構造船」「構造船」へという船の一般的な発展過程を想定すると，最も古い段階の「いかだ」自体，数本の丸太を縄などで縛り付けた構造物といえるし，最近では準構造船そのものが遺跡から発掘され，船を構造物として捉える資料が増えつつある。

「いかだ」について資料は少ないが，先に述べたように佐賀県土生遺跡からは，筏穴を持つ弥生時代の柱根が発見されている。また，先端近くに挟り込みを持つ縄文時代の丸太などは，あるいは「いかだ材」の一部であるかも知れない。これに対し，丸木舟の発見例は，縄文時代を中心に60例を超える。縄文時代前期の福井県鳥浜遺跡や中期の東京都上中里遺跡，晩期の静岡県大谷川遺跡をはじめ，全長7mを超す大型の船を出土した後期の滋賀県元水茎遺跡や鳥取県桂見遺跡など枚挙にいとまがない。これらの舟は，クリやスギなどの巨木を二つに割り，その内側を刳り抜いて造ったものである。舟の内側には，焼けこげた跡が見られるものが多く，内面は石斧で削るばかりでなく，火で焦がしながら刳り抜いたことがよくわかる。

弥生時代では，静岡県登呂遺跡や山木遺跡，和歌山県笠島遺跡など後期の遺跡を中心に丸木舟が発見されている。ただしこれらの船首部分をよく観察すると，丸い穴や刳り込み加工などがあって注意を引く。このうち登呂舟の船首の穴は，単にロープをかける「もやい穴」かもしれないが，山木舟の場合は，あるいは先端に別材を装着する目的で加工された仕口かも知れない。

丸木舟を基本としながらも，それに別材を組み合わせて船高を増したものを「準構造船」と呼ぶ。内灘や沿岸付近だけでなく，外海に出ようとすると，高い波に対する方策が必要である。こうして工夫されたのが丸木舟の上に別材を継ぎ足した「準構造船」である。

現在までわれわれは，縄文・弥生時代の「準構造船」の確実な例を知らない。ただし大阪府西岩田遺跡からは，準構造船を模したかと思われるミニチュアの舟形木製品（全長50cm）が発見されており，弥生時代すでに，準構造船が存在した可

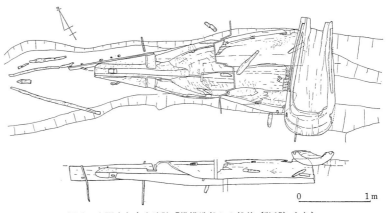

図 8　大阪府久宝寺遺跡「準構造船」の船首（註15）より）

43

能性が指摘されている。この西岩田舟の舳先部分には，溝状の仕口が彫り込まれており，そこに波除け板を装着した可能性も推測できるからである[13]。そのように考えると，先に見た山木舟の舳先の刳り込みも，あるいは西岩田舟と同じく，波除け板を装着するための加工といえなくもない。今後の類例を待ちたい。

次いで古墳時代に目を向けると，準構造船は，これまでに3艘が発見されている。大阪府久宝寺遺跡，同讃良条里遺跡，そして最近発見された島根県稗田遺跡がそれで，久宝寺遺跡では，船首部・舷側板および波除け竪板という3点の部材が確認されている。久宝寺舟でとくに注目されるのは，複雑な仕口を持つ船首部で，後述する波除け板のみならず，舳先をも別材で造っていたことである。舳先の部材は出土しなかったが，船首船底に穿たれた11cm×8cmの枘穴に「枘差」で固定されたらしく，波除けの竪板を保持する役目も担ったものなのであろう。波除け板は，高さ1.7m，幅0.7mの楯形で，舷側板をうける幅3cm，深さ2.5cmの溝状の「欠込」仕口をもつ（図8）。

また，讃良条里遺跡からは，井戸枠に転用された船の胴部が2個体発見された。ともにスギの巨木から造られた幅1.2m，高さ50cm，厚さ11cmの船体の一部で長さ4mほどをとどめていた。一見，丸木舟のように見えるが，船体の上縁に舷側板を受ける段が造られていたり，舷側板を固定するための穴が穿たれていたりして，準構造船の胴部であることが判る。また，板を木釘で固定したあとや，船縁に腰を下ろすための板を留めたとみられる段や縄穴なども残るという。5・6世紀の準構造船を復元する上での好資料といえる。また稗田船は，船首ないしは船尾付近に取り付けた舷側板の資料で，それから全長10m，幅1mほどの古墳時代前期の船体が復元できるという。

5 最後に

これまでの検討で確認できた大型構造物の仕口は，縄文時代では「欠込」「胴付」が主流を占め，一部には「大入」も認められた。弥生時代ではこれに「相欠」「通枘」などが加わり，さらに古墳時代では「三枚枘差」などの仕口も出現するようである。しかし「蟻枘」などという，加工誤差が少しでもあれば組合せの意味をなさない仕口は，古墳時代に至っても認められない。「欠込」「相欠」などの継手や仕口は，少しぐらいのずれは，相互を「結縄」することによって固定できるからである。だからといってこの時代，「蟻枘」という組合せ法が知られていなかったというのではない。鍬と泥除けの結合に「蟻枘」の仕口が用いられている。弥生時代後期のことである。

このように，人の体を支え人の命を守り覆う構造物を作る技術と，人の暮らしを円滑にする指物（細工物）を作り出す技術とは，弥生時代のある時期から別の系統を歩み始めたのではなかろうか。それは用いられた道具体系の問題でもあり，加工に関わった集団の問題でもある。その具体的な解明は今後への課題である。

註

1) （財）文化財建造物保存技術協会編『文化財建造物伝統技法集成』上巻―継手及び仕口，p.17～27，1986
2) 種市幸生「忍路土場遺跡出土の建材について」『縄文時代の木の文化』p.23～34，富山考古学会縄文時代研究グループ，1989
3) 鈴木嘉吉「建築の技術とその背景」『古代の日本』2巻―風土と生活，p.79～96，角川書店，1971
4) 伊藤隆三・山森伸正「富山県小矢部市桜町遺跡の発掘調査」『縄文時代の木の文化』p.1～12，富山考古学会縄文時代研究グループ，1989
5) 宮本長二郎「住居と倉庫」『弥生文化の研究』第7巻―弥生集落，p.9～23，雄山閣出版，1986
6) 小笠原好彦「住居と倉と井戸」『古墳時代の研究』第2巻―集落と豪族居館，p.25～46，雄山閣出版，1990
7) 宮本長二郎「吉野ヶ里遺跡発見大型建物推定復原図」1993年11月25日付夕刊各紙，1993
8) 加藤三千雄「北陸における縄文晩期の木柱列」『縄文時代の木の文化』p.50～62，富山考古学会縄文時代研究グループ，1989
9) 三宅敦気「縄文時代後・晩期のムラ―群馬県月夜野町矢瀬遺跡」東国史論，8，p.1～23，1993
10) 菅原俊行「秋田県地蔵田B遺跡」『探訪弥生の遺跡』畿内・東日本編，p.544～549，有斐閣，1989
11) 田中琢『倭人争乱』（日本の歴史2）p.20～23，集英社，1991
12) 春成秀爾「道と運搬法」『弥生文化の研究』第7巻―弥生集落，p.83～86，雄山閣出版，1986
13) 中西靖人「船と航路」『弥生文化の研究』第7巻―弥生集落，p.73～82，雄山閣出版，1986
14) 細見啓三「建築遺材による建物の復原」『古照遺跡』p.67～71，松山市教育委員会，1974
15) 中西靖人・赤木克視・一瀬和夫ほか『久宝寺南（その2）』p.158～165，大阪文化財センター，1987

木材加工のための工具

——斧の柄を中心にして——

大阪府教育委員会
禰宜田佳男
（ねぎた・よしお）

弥生時代において，鉄斧の普及が西から東に行くにつれて遅れる現象は斧の柄でも認められる

「木材加工のための工具」には，斧，ノミ，ヤリガンナ，刀子，ノコギリなどがあり，材質も石，青銅，鉄とバラエティに富む。ここでは，木材加工として最も基本的な道具である斧にしぼって述べることにする。斧は石斧や鉄斧といった刃と，それを固定する柄からなる。今回は柄の方に重点をおき，縄文時代から古墳時代までの斧，とりわけ弥生時代の斧を中心に概観していきたい。なお，用語は佐原眞氏のものにならっておく[1]。

1 縄文時代の斧

石斧は縄文遺跡から出てくる遺物の中では欠かせないもののひとつであり，地域や時期によって形はさまざまである。全体としては乳棒状石斧を代表とする両刃の伐採斧が主体を占めるが，片刃の加工斧も認められる。

これまでのところ，最も古く遡るのは前期の福井県鳥浜貝塚の柄である。これらはすべて膝柄で，斧台部に石斧をはめこむためにあけられたソケット状の穴の方向により，伐採斧（図1）と加工斧に分かれるが，多くは伐採斧であった。

中期末から後期では富山県桜町遺跡の柄があるが，斧台部に石斧をのせ，その両側を補助的な材で囲み，全体を緊縛するという固定方法が想定されている[2]。このように補助材を用いる膝柄は，後期の福島県番匠地遺跡（図2），晩期の福島県荒屋敷遺跡にもある。

伐採斧には直柄もあった。東京都椚田遺跡で出土した乳棒状石斧に残る緊縛痕により，縄文前期には出現し，滋賀県滋賀里遺跡の例（図3）により晩期まで存在していたと考えられる。

このように柄から縄文斧を見ると，資料に限界があり地域性や変遷などに言及できる段階ではない。現状では伐採斧に膝柄と直柄とがある点が大きな特徴である。膝柄については，前期だと斧台部にソケット状の挿入穴をもうける形であったが，中期末に補助材を用いて石斧を固定するようにな り晩期まで続く[3]。一方，縄文前期に出現していた直柄は，晩期にも認められる。両者は時間的に併存するが，一遺跡では共存しない。両者の違いは，石斧の種類とも関係がないようであり，現状では決し得ない。加工斧については鳥浜貝塚以外に例がなく，実態は不明である。

2 弥生時代の斧

縄文斧から弥生斧へ 佐賀県菜畑遺跡の斧柄（図4）が，縄文斧と弥生斧をつなぐ資料となる。菜畑の柄は滋賀里遺跡の柄と類似するけれども，材質が異なっている。縄文の斧柄にはユズリハやサカキなどの比較的軟らかい材が選ばれ，弥生時代になるとカシやクヌギなどの硬い材が用いられるようになるのだが，菜畑の柄ではカシが用いられていた。形は縄文からの系譜を引きながら，材質は弥生化していたのだ。まさに縄文から弥生への過渡的な在り方といえる[4]。この柄に装着された石斧は薄手であり，いわゆる太型蛤刃石斧にはなっていない。下條信行氏は太型蛤刃石斧の成立には縄文石斧との過渡的な段階があることを指摘した[5]。菜畑では石斧も柄も共に過渡的な段階のものが組み合わさったことになる。縄文から弥生への移行にはさまざまな過程があっただろうから，弥生石斧に縄文柄が装着されたり，縄文石斧に弥生柄がつけられたりといったことがあったかも知れない。

石の斧 弥生前期になると朝鮮半島に系譜をもつ，大陸系磨製石斧が成立し普及する。

伐採斧は直柄に統一され，太型蛤刃石斧を装着する。菜畑の柄に比べ，装着部は分厚く作られ，石斧の変化に対応している。側面から見た柄の頭は福岡県拾六町ツイジ遺跡例（図5）のように山形になる場合と，大阪府池上・曽根遺跡例（図6）のように平坦面で終わるものがある。この差は製作上の違いである。つまり，前者は伐採時の切断面をそのままにしているのに対して，後者は伐採時

の切り口が残らないように加工しているのである。

加工斧では柱状片刃石斧と扁平片刃石斧が膝柄につけられた。柱状片刃石斧の柄（図8）はかなりの重量の石斧を固定するので斧台部は長く分厚く作られ，また握り部は斧台部の中程から分かれる形のものが多い。

柱状片刃石斧にはノミ状石斧と呼ばれる小型の一群がある。これを装着した柄は未発見だが，神奈川県大塚遺跡出土の資料には柄に緊縛痕が残っていた。これについては膝柄の存在が想定されている[6]が，真っすぐな柄がつくか，場合によっては柄をつけずにノミのような使われ方がなされたこともあったろう。

扁平片刃石斧の柄（図7）は，斧台部が全般的に薄く作られ，枝分かれが斧台部の端である例が多い。扁平片刃石斧が柱状片刃石斧より軽量だからであろう。

鉄の斧 次に，弥生時代の鉄斧と柄の関係を整理しておく。伐採斧は3つに分かれる。

A：膝柄に袋状鉄斧あるいは鋳造鉄斧が装着されるもの。鋳造鉄斧を装着した柄（A—1）としては拾六町ツイジ遺跡出土の柄（図10）があり，袋状鉄斧を装着した柄（A—2）には大阪府若江北遺跡の例（図12）がある。装着部の断面が前者だと長方形，後者だと⌒形という傾向があるので区別がつく。

B：直柄の上方に方形の穴をあけ両刃の板状鉄斧を装着するもの。大阪府山賀遺跡から出土した例（図9）など近畿以東で多い。

C：袋状鉄斧をはめこんだ袖を直柄に挿入したもの。現在のところ確実にこのタイプと認識できるのは亀井遺跡の柄（図11）である。この場合，直柄だけが出るとB類と区別がつかないことになる。

加工斧としてはa：袋状鉄斧を装着するもの（大阪府西岩田遺跡＝図14）と，b：片刃の板状鉄斧を装着するもの（西岩田遺跡＝図13）とがある。現状では鋳造鉄斧を装着した加工斧は確認していない。後者の場合，扁平片刃石斧との区別はできないことが多い。

巨摩瓜生堂遺跡出土の柄 ここで大阪府巨摩瓜生堂遺跡で出土した片方に溝のつく形の柄（図15）を検討しておきたい。これまで，この柄は板状鉄斧の柄として扱われてきた[7]。

類似資料は近畿地方だとⅡ期の山賀遺跡，Ⅱ〜Ⅲ期古段階の亀井遺跡にもあり，鉄斧の柄だとすると，板状鉄斧の普及を考える上で重要な資料となる。

こうした木製品は静岡県の有東遺跡や梶子遺跡にもある。Ⅳ期の有東遺跡の資料（図16）には柄に木の刃がついており，木鎌として用いられていたことが明らかとなった。柄の長さは46cmで，やや湾曲している。この資料の特徴は，刃が柄と交差する部分では，刃の基部側の幅約2cmだけが刃の両側を覆っている点である。また，梶子遺跡例は柄長48cmでやはり湾曲している。装着部は溝がつけられただけだが，柄の形や大きさは有東例と同じことから，木の鎌だと考えられる。

では巨摩瓜生堂の柄はどう考えればいいのであろうか。形態的にみると，柄がやや湾曲している点，柄の先が太くなっている点，長さが40〜50cmであることなどが先の例との共通点として指摘し得る。とくに，長さが太型蛤刃石斧やB類とした伐採用の斧の柄に比べると短いのが気に掛かる。しかし，このような木製品は北部九州では未発見であるし，かなり資料の蓄積がある近畿地方でもまだ希少例である。弥生時代の木製品の中でどのように位置付けられるのだろうか。ここでは，巨摩瓜生堂例が鉄斧の柄とすることには問題があり，木鎌の柄の可能性があるという指摘にとどめておきたい[8]。

各地の状況 最後に，各地域ごとの石と鉄の斧のありかたを整理しておく。

九州地方の石斧柄はⅠ期に多いが，続くⅡ期になると長崎県里田原遺跡や大分県下郡桑苗遺跡などで知られるものの，北部九州の資料はなくなる。一方，鉄斧柄ではⅠ期の拾六町ツイジ遺跡の伐採の斧（A—1）が最も遡る。これまでから指摘されている通り，弥生前期から石の斧とともに少数の鉄の斧が用いられたということが，斧柄からも追認できる。だが，中期の良好な資料がなく鉄器化の時期についての，詳細な検討はできない。

近畿地方でもⅠ期からⅡ期には石斧の柄が多く見られ，亀井遺跡のⅢ期新段階の太型蛤刃石斧の柄（未製品）が最も新しい資料となる。これに対して，先の山賀遺跡例を鉄斧の柄に含めないとなると，兵庫県玉津・田中遺跡の中期中ごろの資料が最も古くなるが，詳細は報告書の刊行を待ちたい。Ⅳ期では若江北遺跡から伐採斧としては小型

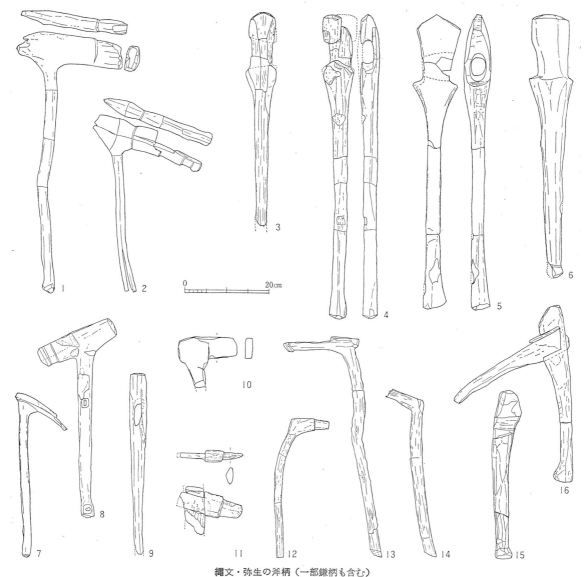

縄文・弥生の斧柄（一部鎌柄も含む）
1：福井県鳥浜貝塚，2：福島県番匠地遺跡，3：滋賀県滋賀里遺跡，4：佐賀県菜畑遺跡，5・10：福岡県拾六町ツイジ遺跡，6：大阪府池上・曽根遺跡，7：大阪府恩智遺跡，8：大阪府鬼虎川遺跡，9：大阪府山賀遺跡，11：大阪府亀井遺跡，12：大阪府若江北遺跡，13・14：大阪府西岩田遺跡，15：大阪府巨摩瓜生堂遺跡，16：静岡県有東遺跡

の袋状鉄斧を装着した柄（A-2）があり，V期には亀井遺跡例（C），山賀遺跡例（B），西岩田遺跡例（a・b）などと資料は増加する。

　Ⅳ期にこの地方で板状鉄斧が増加し石斧の組成も変化してくることを考えると，資料が少ないという問題点はあるが，Ⅲ期新段階とⅣ期の境で石斧の柄が見られなくなっている点は興味深い。もちろん，この時期で石斧が完全に消滅するわけではないが，石から鉄への変化のひとつの側面を示

していると捉えておきたい[9]。

　また，東海地方を代表する愛知県朝日遺跡では太型蛤刃石斧の柄はⅣ期でも出土しているが，V期になると袋状鉄斧を装着する加工斧の柄が確認されている。

　それより東ではⅣ期に大陸系磨製石斧が本格的に普及するわけだが，有東遺跡でこの時期の太型蛤刃石斧の柄が出土した。静岡県御殿川流域遺跡群では石斧が装着された状態で発見されている。

関東にいくとIV期の神奈川県池子遺跡で太型蛤刃石斧の柄が確認されている。一方，千葉県菅生遺跡のIV期の板状鉄斧には木柄の痕跡が残っており，B類の柄が復元できる。

なお，東海以東の太型蛤刃石斧の柄には，西日本で見られるような石斧の下にある拡張部をきっちり作らず，非対称のものが目立ち，地域性と考えられる。鉄斧では群馬県新保(しんぼ)遺跡の柄にC類の可能性のあるものがある。とすると，北関東にも袋状鉄斧が存在していたことになる。

そして現在のところ宮城県の中在家南(なかざいけみなみ)遺跡の太型蛤刃石斧と柱状片刃石斧の柄が大陸系磨製石斧の柄の北限である。

以上，各地の斧柄を見てきた。石斧の柄で最も新しい時期は，北部九州でII期，近畿でIII期新段階，東海以東でIV期となり，西から東へいくにつれて新しい時期の石斧の柄が確認できる。石斧と鉄斧の普及状況が発掘資料に反映されているとすると，鉄斧の普及が東にいくにつれて遅れる現象が斧柄においても表われていることになる。

3 古墳時代の斧

古墳に副葬された鉄斧を見ると，形や法量において弥生時代の鉄斧に比べバラエティに富む。たとえば弥生時代の板状鉄斧の流れを引く短冊形鉄斧には，それまでには見られない大型のものが含まれる。この変化が古墳時代になっておこったものであったか，終末の庄内式にすでに見られたことなのかは今後の課題と言えよう。そして，古墳時代前期でもって短冊形鉄斧は袋状鉄斧に変わるのである。また，有祕鉄斧（奈良県塚山古墳）や柄まで全部が鉄でできた手斧（山梨県大丸山古墳），袋状の鋳造鉄斧など，鋳造品もあるにはあるが多いわけではない[10]。

管見の限りだと古墳時代の柄は，弥生時代と異なる形のものは未発見であり，基本的には弥生時代の系譜を受け継いでいる。そういう点でも，弥生時代における鉄の斧への変化は非常に大きな意味をもっていた。

小稿では弥生時代の斧柄を中心に概観したが，資料が予想以上に少ないことを痛感した。今回，斧の鉄器化を柄の方から捉えたいと考えていたが，かんじんの弥生中期の良好な資料がなくて十分に論じることはできなかった。また，斧の柄と

するか鎌の柄とするか，あるいは扁平片刃石斧の柄か片刃板状鉄斧の柄かといったことは，今後検討を必要とする。前者については，従来まで鉄斧の柄としてきたものが木鎌の柄である可能性を指摘した。そうであれば石鎌や鉄鎌を含め，弥生社会における鎌の位置付けをしなくてはならない。というのも，北部九州の石鎌から鉄鎌への変化に対応する近畿以東での木鎌から鉄鎌への変化，という図式も考えられなくはないからである。このほかにも，柄の変遷や地域性，さらには製作場所が違うと考えられる石斧・鉄斧と柄とが，どの段階で組み合わさって斧になるのか，といったことも未解決である。課題ばかりが残ってしまったが，いくつかの点については機会を改めたい。

註
1) 佐原 眞「石斧論」『考古論集―慶祝松崎寿和先生六三歳論文集―』1977，佐原 眞「石斧再論」『森貞次郎博士古稀記念古文化論集』上，1982
2) 山田昌久「道具の復元」季刊考古学，35，石器と人類の歴史，1991
3) 山田昌久が現状での石の斧の流れをまとめている（「木製遺物から見た縄文時代の集落と暮らし」『縄文時代の木の文化―日本考古学協会富山大会シンポジウム資料集』1989）。
4) 金子裕之「石の刃の威力」『縄文から弥生へ』1984，佐原 眞「石斧」『弥生文化の研究』5 道具と技術I，1985
5) 下條信行「伐採石斧（太型蛤刃石斧）」『弥生文化の研究』5道具と技術I，1985
6) 小宮恒雄「着柄の痕跡をとどめた小型柱状片刃石斧」『調査研究集録』2，1977
7) 川越哲志「弥生時代の鉄斧と鉄鉇」『考古論集―潮見浩先生退官記念論文集―』1993。私も鉄斧の柄と考えていた（禰宜田佳男「新しい技術の誕生」『弥生文化』1991）。
8) 報告書では木鎌柄として扱われており，山田成洋氏はすでにこの種の柄を木鎌として注目されている。なお，最近では千葉県常代遺跡でも類例が確認されている。
9) 深沢芳樹がすでに指摘している（「弥生時代の近畿」『岩波講座日本考古学』5 文化と地域性，1986）。
10) 古瀬清秀「農工具」『古墳時代の研究』8 古墳II 副葬品，1991

字数の関係で註は最小限度にとどめ，報告書文献については割愛させていただいた。

木鎌の柄の問題については山田成洋氏に数多くのご教示を得た。また，資料実見にあたっては多くの方々にお世話になった。感謝いたします。

特集 ● 先史時代の木工文化

祭りの道具

呪術的世界から抜け出して，稲作の農穣を四季折々に祈り祀る祭りや戦勝を祈る祭祀さらに墓を前にした葬送儀礼へと発展する

祭りを演出する道具／古墳を飾る木／戦いのための道具

祭りを演出する道具
——弥生時代の鳥形木製品——

熊本大学文学部助手
■ 山田 康弘
（やまだ・やすひろ）

弥生時代の祭祀に用いられた木製品には人，馬，男根，武器などがあるが，鳥形木製品は「魂」を運ぶ容器であったと考えられる

　弥生時代の木製品で，祭祀に用いたと考えられているものには，人，鳥，男根，武器などをかたどったものを挙げることができる。しかし，これらの木製品は，それらを用いた祭祀の存在を示すものではあっても，その内容までも明示するものではない。また，明確な形で使用場面を指し示すような出土状況もあまりないことから，祭祀の内容については不明な点が多く，その復元は民族誌からの類推によって行なわれてきた。そうした解釈の一方で，個々の祭祀の内容を明らかにするためには，祭祀に用いられた個々の遺物の形態や出土状況，時間的変遷，分布などの基礎的な検討も必要である。そこで今回は，弥生時代の鳥形木製品を例にとり，その形態や時間的変遷，分布，系譜など基礎的な事項について検討を行ない，あわせて性格について考えてみたい。

1　鳥形木製品の分類

　鳥形木製品を概観してみると，写実的に製作され，胴部下面が平坦になっており，置いて使用したと考えられるものと，胴部の下面に孔があるなど柄の先に取り付けて使用したと考えられるものの，大きく二つに分けることができる。今回は，後者だけを扱うことにする。

　従来の研究の中で鳥形木製品は，多くの場合，丸彫りで立体的に作られているか，板作りで平面的に作られているかという点で分類されることが多かった[1]。しかし，この分類には次のような問題点が存在する。

　まず，板作りか丸彫りかという分類は，材料となった板材の厚さによっても判断基準が異なる。厚い板材から作りだした鳥形木製品は，製作技法上は板作りではあるが，丸彫り風に作られていることが多い。また，板作りとして分類されたものであっても，製作時の加工技術が板材を製作する時のものとは異なり，丁寧に面取りなどをして肉厚に仕上げてあるものが多く，製作技法から丸彫り，板作りと簡単には分類できない。さらに，立体的に作られているか，平面的に作られているかという点については，羽根の形状や着装の方法によって規定される問題であり，鳥形木製品のほとんどが体部のみの出土例であることを考えた場合，一概に立体的，平面的とは区別できない。

　以上の点を踏まえ，今回は体部の表現方法と製作技法を中心に，次のような観点から鳥形木製品を概観してみることにする。まず，第一に体部の

シルエットを見た場合，側面と上面のどちらの方向から見た場合にもっとも鳥らしく見えるかという，見る位置を重要視した形態差を検討する。側面観重視のものを1類，上面観重視のものを2類とする。第二に，刀子などによる丁寧な細かい加工によって製作したものか，板材の製作時のように手斧の痕を残していたり，表面がささくれだっているかのように粗い加工によって製作したものかという，鳥形木製品の製作方法を検討する。前者をa類，後者をb類とする。これら二つの検討を時期別，地域別に集成した鳥形木製品に対して行なうことにしたい。

2 鳥形木製品の地域別変遷

ここでは，弥生土器の様式編年にあわせ，時間軸をⅠ期からⅤ期に分け，鳥形木製品の変遷を追って行くことにする。

Ⅰ期には，島根県西川津遺跡出土例（図1−1）と大阪府山賀遺跡出土例（2）がある。この時期の特徴は，頸を長く表現していることであり，その点で山賀遺跡出土例と西川津遺跡出土例は類似する[2]。また，時期は確定できないが，島根県タテチョウ遺跡出土例もこれらに類似する。ただし，山賀遺跡出土例が側面観を重視しているのに対して，西川津遺跡出土例は上面観と側面観のどちらを重視しているのか不明である。いずれも表面を細かく，丁寧に加工している。

Ⅱ期からⅢ期のものは，すべて1a類であるという点で大阪府池上遺跡出土例（3）や兵庫県玉津田中遺跡出土例（4）などに共通性をみることができる。しかし，その形態はⅠ期のものとは異なり，頸を短く表現している。

Ⅳ期の鳥形木製品は1a類であり，島根県西川津遺跡出土例（7）や大阪府瓜生堂遺跡出土例（8）など，形態，加工方法に共通性を持つ。その一方で，近畿地方には滋賀県下之郷遺跡出土例のように2b類が出現する。

Ⅴ期に鳥形木製品は分布を広げる。東海地方には上面観を重視し，手斧の痕を残す，粗い加工の2b類のものが出現する。これらは，静岡県雌鹿塚遺跡出土例（13）のように概して大型であり，40cmを超えるものが多い。近畿でも兵庫県玉津田中遺跡出土例（11）のように，2b類のものが存在するが，一方で大阪府雁谷遺跡出土例のように，1a類も存続する。ただし，いずれも東海のものに比べて小型であり，40cmを超えるものはない。また，この時期に北陸地方にも福井県角谷遺跡出土例（9）のように1b類の鳥形木製品が出現する。

以上の点から次のことを指摘できる。まず，Ⅰ期の鳥形木製品が頸の長いものであるのに対して，Ⅱ期以降のものは頸が短くなるという形態差がある。ⅣからⅤ期に，2b類の鳥形木製品が近畿地方に出現する[3]。また，東海地方，北陸地方へと分布を拡大する。

このように形態，製作方法から見た場合，Ⅰ期とⅡ期の間に鳥の表現形の変化が，Ⅳ期からⅤ期の間に形態の変化，製作方法の粗雑化，分布の拡大と2度の変化があったことが指摘できる。さらに，Ⅰ期からⅣ期の鳥形木製品は包含層や環濠，旧河道などから出土し，特定の遺構とは結びつかないのに対し，Ⅴ期以降には大阪府雁谷遺跡出土例や鳥取県池之内遺跡出土例（10）のように墓や水田などから出土する場合がでてくる。このような点も鳥形木製品の用途に変化が存在したことを裏付ける。

3 鳥形木製品の地域的な系譜と性格

東海地方にⅤ期に出現した2b類の鳥形木製品は，近畿地方にⅣ期に出現した2b類に起源が求められるだろう。北陸地方の鳥形木製品は1類であり，大きさも40cmを超えない小型のものであることから，近畿地方から伝播したものと考えることができる。

また，東海地方に分布する，大型の2b類は，古墳時代前期には長野県石川条里遺跡出土例のように中部高地へ伝わり，古墳時代中期には千葉県五所四反田遺跡出土例のように関東平野にまで広がる。弥生時代Ⅴ期の近畿と東海は，それぞれの地域で独自の形状の農耕具を発達させ，各地の農耕具に影響を与えるが[4]，この鳥形木製品の形態差[5]と伝播経路は，まさに当時の農耕具のそれと一致する。これに加えて，鳥形木製品が鳥取県池之内遺跡出土例や静岡県瀬名遺跡出土例のように水田から出土することがあり，少なくともⅤ期以降の鳥形木製品の一部は農耕儀礼に関与したものとすることができる。また，墓から出土する事例に関しては葬送儀礼に関与したものと考えることができる。

鳥形木製品の性格を考えるにあたっては，鳥形

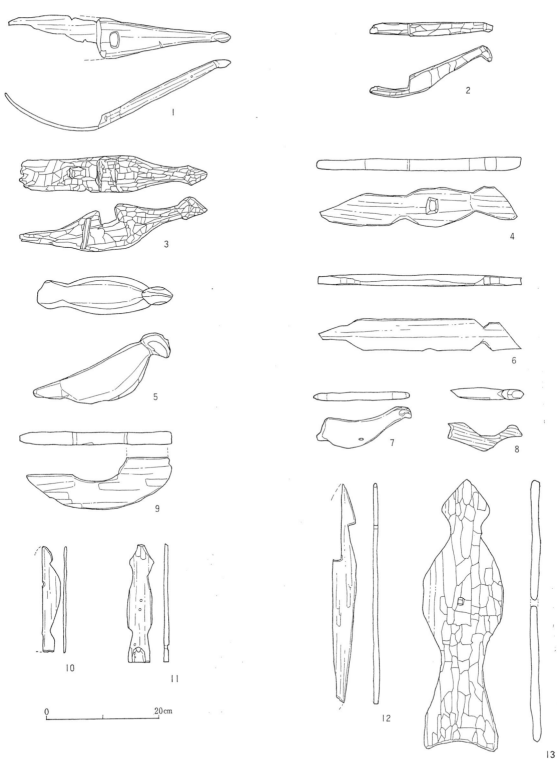

図 1 弥生時代の鳥形木製品
1 a類：2大阪府山賀，3大阪府池上，4兵庫県玉津田中，5大阪府亀井北，7島根県西川津．8大阪府瓜生堂
1 b類：6大阪府瓜生堂，9福井県角谷
2 b類：10鳥取県池之内，11兵庫県玉津田中，12愛知県朝日，13静岡県雌鹿塚
不明：1島根県西川津

51

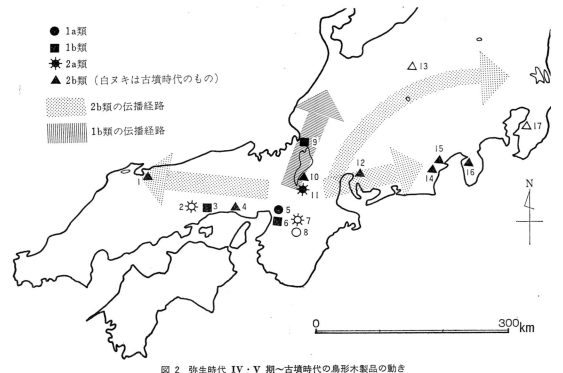

図2 弥生時代 IV・V 期〜古墳時代の鳥形木製品の動き
1鳥取県池ノ内，2兵庫県小犬丸，3兵庫県長越，4兵庫県玉津田中，5大阪府雁屋，6大阪府瓜生堂，7奈良県石見，8奈良県四条，9福井県角谷，10滋賀県下之郷，11滋賀県中沢，12愛知県朝日，13長野県石川条里，14静岡県有東梶子，15静岡県瀬名，16静岡県雌鹿塚，17千葉県五所四反田

土器や鳥形土製品との関連性も考慮しておく必要がある。モチーフが同じ鳥である以上，性格や用途が転化される場合がないとも限らない。例えば，IV期からV期の鳥形木製品が墓から出土する点などは，III期の兵庫県加茂遺跡やV期の福井県糞置遺跡などで鳥形土製品が墓や土壙から出土した状況と類似する。鳥をモチーフとした土器や土製品が墓から出土する事例はII期の長野県伊勢宮遺跡の木棺墓出土例などを通して，縄文時代晩期の東京都なすな原遺跡出土例や縄文時代中期の千葉県柏野遺跡出土例など縄文時代にまでさかのぼる可能性がある。

日本書紀などには，鳥は稲魂や死霊の運搬者として登場してくるが，いずれにせよ「魂」を運ぶことには変わりない。鳥形土器や土製品の多くが容器であることと考え合わせると，弥生時代の鳥のイメージは「魂」を運ぶ容器であったと考えることができる。そのイメージは当然，鳥形木製品にも付加されたであろうし，その用途も「魂」の容器として多岐にわたったはずである。

註
1) 金関 恕「神を招く鳥」『考古学論考』小林行雄博士古稀記念論文集刊行委員会，1982や，錦田剛志「弥生時代の鳥形木製品」『古代文化研究』1，島根県古代文化センター，1993などがある。
2) 春成秀爾，錦田が指摘している。春成秀爾「銅鐸のまつり」『国立歴史民俗博物館研究報告』12，1987
3) この点についてはすでに錦田1993が簡単に触れている。
4) 樋上 昇「木製農耕具の地域色」『年報昭和63年度』(財)愛知県埋蔵文化財センター，1989
5) 上面観を重視するものが東海地方に多く，側面観を重視するものが近畿地方に多いということはすでに山田昌久が述べている。山田昌久「木器」『第四紀資料分析法』日本第四紀学会，1993

古墳を飾る木

羽曳野市教育委員会
■ 辻 䪥 学
（つじはな・まなぶ）

古墳のまわりには埴輪とともに，木で蓋や盾，鳥などを
かたどった樹物が並んでいたことが明らかになってきた

　堅固な葺石に覆われた墳丘に，幾重にも立ち並ぶさまざまな埴輪。築造当時の古墳の外観を想像してみると，石や焼き物によって形作られた固く無機質で静止した光景が，まず浮かびあがるであろう。確かに古墳からもたらされる考古資料の大半は，長い間土中にあっても朽ちることのない素材に限られるため，そのような想像も無理からぬことではあった。

1　木製樹物の発見

　ところが1988年から翌年にかけて，奈良県で行なわれた2基の古墳の発掘によって，われわれが古墳に対して抱いていた認識を，大きく改めさせる重要な発見がもたらされた。ほとんど時期を同じくして調査された，四条古墳と小墓古墳の周溝から出土した，多種にわたるきわめて多量の木製品がそれである。木製品の主なものは当初は古墳の外周に立てられていたと考えられるが，これを稀に保存条件が幸いしたものとすれば，他の古墳でも本来は相当普遍的に存在したことが，この調査をきっかけとして推測されるようになったのである。それまで腐朽と関わりのない埴輪や石だけで古墳の外表構造を考えていたのが，実は不十分であったことを如実に示してくれたと言えるだろう。そればかりではなく木製品の中には，埋葬やその前後の祭儀の折に用いられたと推測されるものが含まれており，古墳で行なわれる祭祀行為を，その用具を基に具体的に復元できる可能性があることを明らかにしたのである。

　ところでこの調査が行なわれる以前にも，古墳の周溝から木製品が出土する例が，少数ではあるが存在することも知られていた。筆者はその時点で古墳に伴う木製品を検討し，墳丘に立つものを木製樹物（たてもの，じゅぶつ）と名付け，その意義を考えたことがある[1]。そこでは木製樹物が蓋形と盾形を主とし，その組合せは埴輪や九州地域にある石製品とも通じ合うこと，墳丘上では埴輪列と緊密な関係をとりながら立ち並ぶこと，形象埴輪の出現に先立って，墳墓で用いる器物が木によって仮器化が図られた可能性があり，それは古墳発生の当初に遡ると考えられること，それらは埴輪とともに墓主の権威を示し，墓域を画する意味があること，木製品そのものが滅失していても，樹立のための柱穴を検出することで存在を裏付けられることなどを提示し，古墳調査の際の木製遺物やその樹立痕跡への配慮の必要性を指摘することができた。

　その後今日まで，四条，小墓古墳での多量の出土をはじめとして，各地で木製樹物や柱穴の発見が相次いでおり，古墳の構成要素の一つとしての地位を固めたと言ってよい。しかしながら，一定量の資料が蓄積されつつあるにも関わらず，表現するものの原型，使用方法，機能，埴輪との関係など，基本的な部分が依然として明確にはなっていない現状にある。木製品の遺存が保存条件に大きく影響を蒙るため，副葬品や埴輪に比較して構成内容や個体の形状についての不確定要素が大きくなるという，資料上の制約も大きな障害となっている。ここでは断片的な資料を積極的に解釈しながら，あらためて木製樹物についての問題点を整理することにする。

2　木製樹物の種類

　木製樹物には盾形や蓋形，刀形などの器財形木製樹物と，鳥形の木製樹物とがある。この内，太刀形は奈良県御墓山古墳から出土して存在が初めて明確になったもので，全長が1.8mを超え，柄の先端には基部が作り出されており，切先を上にして地面に立てたと考えるべきである。6世紀前半と推定できる御墓山古墳以前の時期には，今のところ樹物としての刀形木製品の明確な例はないが，小墓古墳には長さ1m以上の刀形木製品が，またやや遡る時期の四条古墳や滋賀県服部遺跡第23号周溝にも刀形木製品があり，使用の開始時期や普遍性について注意してゆきたい。

　ここで重要なのは，密接な関係にある埴輪は各

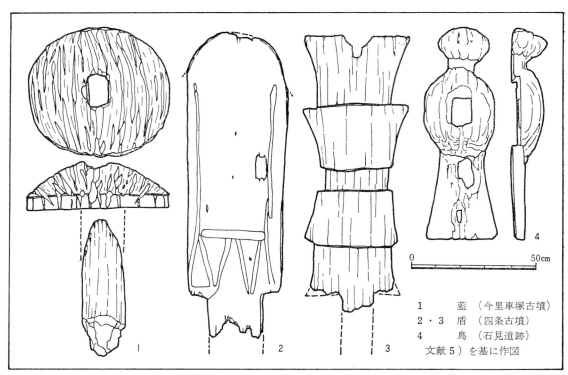

1　蓋（今里車塚古墳）
2・3　盾（四条古墳）
4　鳥（石見遺跡）
文献5）を基に作図

各種の木製樹物

種器財や人物，動物など多彩な種類が見られるのに対して，木製樹物が表わす器物はきわめて限られている点である。また鳥についても，鶏や羽を閉じた水鳥が多い埴輪に対して，木製品では羽をひろげた鳥を表わし，種類や表現の違いがみられる。確かに家や人物，動物などは，形が複雑で一木で作るには技術的に困難があり，木を用いた造形の伝統をもつものではなく，逆に羽をひらく鳥を粘土でつくることも難しいかも知れない。しかしなお，靫などのように木材で容易に製作が可能なものが確認されていないのは，これが単に素材の適否の問題によって補完的な関係にあるのではなく，木製品と埴輪は明確に使い分けられるものであったことを思わせるのである。

多量の木製品が出土した四条古墳では，石見型盾形26点，盾形2点，蓋形46点，大型鳥形1点，小型鳥形2点があり，多数の盾形と蓋形が主体となり，それに数点の鳥形が加わるという構成をとっている。これに対して小墓古墳では65点という多量の蓋形木製品に対して，盾形はわずか1点に過ぎない。盾，とくに石見型盾が蓋形に拮抗するほど多量に出土したのは，四条古墳の他に全く例がない。しかしながら，服部遺跡第19号周溝や奈良県つじの山古墳でも存在が確かめられていることや，埴輪や九州地域の石製品での蓋形，石見形の構成を勘案してみると，やはり木製品では両者が主体であると考えるべきであり，四条古墳を特殊な例とする必要はないだろう。多数の蓋形と盾形，および数点の鳥形木製品が，一つの古墳での基本的な構成とみられるのである。

木製品はたとえ同一の古墳であっても，樹立位置や設置方法などのわずかな条件の違いによって，遺存の状態が大きく左右されるものであり，調査時の出土点数による当時の構成内容や数量，設置場所の復元には，相当な困難が伴うことを考慮しておかなければならない。

3　木製樹物の原形

保存状態の良好な多数の資料によって木製樹物の形状が詳しく知られ，形態的な検討が可能になったことも，近年相次いだ木製樹物の発見がもたらした大きな成果であると言えよう。

蓋形木製品には京都府今里車塚古墳や大阪府伝応神陵古墳のように，内面を大きく抉り込むものと，奈良県伝飯豊陵古墳や同石見遺跡（古墳）のように，内面の抉り込みが小さい，もしくは抉りの

ないものの2種があり，本来の蓋の形状を忠実に表わすものから，簡略な表現をとるものへと変遷することが土生田純之によって示された[2]。また上面の形状や側面直立部分，頂部突起の有無などによる細分が一瀬和夫によって試みられており，その意義の解明が期待される[3]。現在，蓋形と総称している木製品の中には，平面円形と平面楕円形，断面形，中心孔の形状や穿孔方向，頂部突起の形状や有無，底部の溝状彫り込みの有無などの相違点をみることができる。とくに今里車塚古墳，伝応神陵古墳など古い時期の古墳では，形態に比較的纏まりがあるのに対して，四条，小墓古墳の一括の資料ではさまざまな形態のものが見られ，個体差に止まらない形式の相違が明らかに認められるのである。このような形態の違いは，原形に近い形態のものからの時間的変形だけではなく，木製品の使用方法，あるいは原形の異同をも考慮しなければならない。

ところで蓋形と呼んでいる木製品が，はたして実際に蓋を模したものかということも問題になっている。今のところ最古で保存状態も良い今里車塚古墳の例に見える，庇状に作った傘部の端から垂れ下がる裾の表現などは，全体の形状とも合わせて蓋形埴輪に通じる点が多い。また中国吉林省長川第1号墓などの古墳壁画の蓋にもよく似たものがあり，蓋を表わす木製品であると考えるのが至当であろう。造形が容易な粘土を素材とした埴輪に対して，木製品では表現の度合いに限界があるため，原形からの変形は相当早い段階から進行していたと考えられるのである。

高橋克壽は蓋形埴輪を傘部の形状から三分類し，その内で3類とした下方に下がった傘端部に段状もしくは沈線による装飾をもち，傘頂部の立ち飾りの受け部に相当する部分が内側に屈折するものは，他の蓋形埴輪とは別の原形が想定されるもので，形態や墳丘裾への配列の仕方などが蓋形木製品に共通することを指摘した[4]。蓋形木製品の頂部突起は詳しく見ると，二つの半円形突起が向き合い間が抜けているものが多く，上部に何らかの装飾が付く可能性があり，しかも傘部に比べるときわめて小さく作られていることなど，受け部の構造が立ち飾りと組み合わせる構造にない蓋形埴輪3類とも異なる点があり，高い可能性は持つものの両者の原形が同一であることについては，なお慎重に検討する必要があるだろう。なお，これを何かを立てるための台座とする見方もあるが，頂部の突起や底部の抉り込みなどの構造からみて頷き難い。

盾形木製品には輪郭がほぼ長方形で鋸歯紋の装飾をもつ通常の盾を模したものと，長方形の長辺の中央が屈折してくびれ，そこに上下2枚の鰭状の装飾を付けた，直弧紋で飾る石見型盾形埴輪を模したものの2種がある。今のところ良好な状況の出土例が，5世紀末頃の四条古墳に限られるため，出土数の割合は後者が圧倒的に高くなっているが，より古い時期の状況は今後の課題である。通常の盾形としたものは極めて写実的に作られており，原形が盾であることに疑問の余地はないが，石見型盾の原形については，靱，鹿角，玉杖の頭飾などをあてるさまざまな考え方がある。

大阪府軽里第4号墳の調査で出土した石見型の盾形埴輪は，5世紀後半の比較的古い時期のかなり写実的な製品と思われるもので，中央部の鰭状の装飾を別の粘土板を張りつけて，本体から一段高く作り出している。これは四条古墳の木製品のつくりと共通するところであり，両者が同一の器物を表わしたものであることをまず明らかにしている。さらにこの埴輪の本体部分の表現を見ると，皮革のような柔軟な素材を用いた，表裏のある板状の器物を想定せざるを得ない。このような特徴は鹿角や杖の頭飾など，表裏のない柱状で硬質のものとはかなり異なっている。また，肝心の矢の表現を欠いた靱は壁画や埴輪でも例がなく，現状では盾とみることが穏当であろう。ただし，通常の武器としての盾とは異なる，デフォルメされた墳墓防護のための盾と考えられ，しばしば石棺や石障に用いられる直弧紋を施すことからも，その機能が窺えるのである。

なお，大阪府松岳山古墳の平面形を長楕円形につくる鰭付きの埴輪は，樹立方法や形態に共通する理念が察せられ，検討する必要がある。

鳥形は石見遺跡などで出土している，横断面形が横に長く，半肉につくる長さ1mほどの大型のものである。これまで胴部に取りつける羽の形状が知られていなかったが，静岡県雌鹿塚遺跡や長野県石川条里遺跡で同種の木製品が出土し，全形や古墳時代初頭前後の時期まで遡るものであることが明らかになった。なお，これとは別に奈良県石塚古墳出土の板づくりのものや，四条古墳で出土した丸づくりのものなど，横断面形が縦に長い

全長30cmほどの小型の鳥がある。これらは支柱を受けるための大きな穿孔がなく、直接柱上に取りつけたものとは考え難い。大きさからみても他の構造物に取りつけた使用方法が考えられ、西藤清秀が指摘しているように樹物とは別に扱うべきである[5]。

4 樹立の方法

　四条古墳で出土した2種の盾形木製品には、幅20cm前後の刀の茎状の基部があり、どちらも地面に立てたものと考えられるが、今里車塚古墳のように背後に柱を立てて支持したような形跡がない。このような場合には掘り方を穿たずに突き立てた可能性もあり、基部が遺存しない限り樹立痕跡の確認は困難であろう。一方蓋形木製品については、数が多く大きさに大小があり、形態が一様でないことなどから、いくつかを重ねたり横材の上に並べるといった使用方法も推定されている。この点については形態や取り付け痕跡など、十分な遺物観察が回答をもたらすはずであるが、熊本県姫ノ城古墳の蓋形石製品を手掛かりとし、かつ本品の原形が蓋と推定される以上、基本的には単独で柱上に取り付けたものと考えることが妥当である。

　木製樹物を設置した跡と考えられる柱穴は、京都府鴫谷東第1号墳、同蛭子山古墳、兵庫県五色塚古墳における墳丘の中段の平坦面、福井県上之塚古墳、今里車塚古墳における墳丘裾部、福井県日笠松塚古墳、鳥取県佐美第4号墳における周溝内、岡山県両宮山古墳、福岡県唐人塚第5号墳における外堤や周溝外縁のように、埴輪列の配列場所と共通する位置で、列を成して配置されている。検出条件の悪い墳頂部では、今のところ明確な例が無いが、存在する可能性は十分にあり、一つの古墳で使われた木材は膨大な量になると想像できる。埴輪列を合わせ持つ場合には、列の外側に並ぶ例や、埴輪とともに一つの列をつくる例があり、蓋や盾などの器財埴輪の配置と相通ずる面がある。

　ところで古墳で発見される柱穴について、すべてを樹物の支柱とはせずに、柱のみを立てた痕跡とみる説がある。しかし、その配列が器財埴輪と共通する点は重要であり、少なくとも、器財形木製品の取り付けを否定できる木柱でも確認されない限り、ほとんどのものについては樹物の支柱をまず第一に考えるべきであろう。

5 木製樹物の課題

　木製樹物の存在が確認できた古墳はすでに30か所を上回り、地理的な普遍性や古墳時代のほぼ全期間を通じた使用が確かめられつつある[6]。大王墓から最小級の古墳に至るまで、古墳規模の大小にも関わりなく用いられている。古墳の分布するすべての地域で検出の可能性があり、今後、樹物の種類や形態、配列状況などを一層明らかにする資料が得られるものと期待される。木製品の加工方法や形態、使用痕跡など、現在は十分とは言い難い遺物としての検討をさらに進め、原形や使用方法を具体的に明らかにし、墳墓における機能や祭祀上の意義を解釈してゆく必要があるだろう。

　木製品の検出は保存条件に大きく左右されることは言うまでもないが、溝や坑中に廃棄されて残ることの多い他の木製品とは異なり、当初は露天に立てられていた樹物では、なおさら遺存に至る可能性は低く、風化による損傷も大きい。遺物の観察や資料操作を行なう上で大きな制約があることも、つねに留意しておかなければならない。

　また、今回扱うことはできなかったが、祭祀具、容器や運搬具、構造物など、古墳で使用される樹物以外のさまざまな木製品も、最近、相次いで出土している。これまで古墳の構造や副葬品、埴輪などによって、復元を試みていた墳墓での葬送、祭祀行為を、より鮮明かつ具体的に明らかにするものであり、古墳に伴う木製品の果たす役割は大きい。

註
1) 高野　学「古墳をめぐる木製樹物」季刊考古学, 20, 1987
2) 土生田純之「誉田八幡宮所蔵の有孔木製品」『網干善教先生華甲記念考古学論集』1988
3) 一瀬和夫『大水川改修にともなう発掘調査概要』Ⅳ, 1989
4) 高橋克壽「器財埴輪の編年と古墳祭祀」史林, 71—2, 1988
5) 西藤清秀「木製樹物」『古墳時代の研究』9, 1992
6) 高橋美久二「『木製の埴輪』とその起源」『古代の日本と東アジア』1991

戦いのための道具
——武器形木製品について——

奈良国立文化財研究所
岩永省三
（いわなが・しょうぞう）

武器形木製品の研究から抽出された「模擬戦」と「祭祀の重層性」は，弥生・古墳時代祭祀理解のキーワードになったが，無批判には使えない

弥生・古墳時代の武器形木製品には，実用の武器と祭祀具が含まれうる。前者には木製の部分自体が利器としての機能を果たすもの，金属製・石製武器の部品，武具が含まれる。後者はいわゆる武器形祭器の一種である。後者は本来「祭りを演出する道具」であるが本項で扱う。

1　木製武器・武具

弥生時代には，狩猟具などの生活のための道具とは別の，人を殺傷するための争い専用の道具＝真正の武器が出現する。弥生時代の戦闘法は，剣・刀・矛・槍などの近接武器による格闘・白兵戦と，弓矢や投槍などの遠隔武器が主力になるやや距離をおいた戦との併用であろう。かつて北部九州地方では格闘法主体，東部瀬戸内沿岸地方では射戦主体とみる説もあった[1]が，後者での白兵の増加をみた現在では再考を要しよう。古墳時代になると環濠集落が消滅するが，戦争の単位が集落同士ではなくもっと大きく拡大したとみる説がある[2]。集落が戦闘の場でなくなり戦場における会戦が主流になったのであろうか。射戦から始まり白兵戦に移るという中世には確立していた形式がいつ出現するのか興味深い。

弥生・古墳時代の木製の武器・武具には弓・矢（木鏃・矢柄），刀・剣（鞘・把），矛・槍（柄），盾，短甲などがある。ゲヴァ棒を持ち出すまでもなく，角材一本でも戦闘用具になり得るが，考古学上武器としての認定が困難だ。上記の諸種は，明らかな武器であるが，木製の部分のみで機能を果たすとは限らないから，「木製の武器」とは言い難く，また武器総体から木製部分を切り離して論じても有意義とは思えず，概観にとどめる。

（1）弓矢

弥生時代の弓の大半が丸木弓，一部が木弓で，合成弓・複合弓はない[3]。狩猟具と武器を区別するのは難しいが，矢を射込まれた遺骸（山口県土井ヶ浜・大阪府雁屋・大阪府山賀），石鏃の変質やその背後に推測される射技の変化[4]から，武器としての使用が判る[5]。渡辺一雄氏は，弥生時代の弓に精粗の別が出現し（中期中頃），精製品が武器弓で長いもの（140 cm～）が多く，短い粗製品が狩猟弓と見なしたが，松木武彦氏は，加工技術の点で縄文時代から古墳時代まで変化がないと見る。古墳からは精製品が良好な状態で出土することがある（大阪府土保山古墳・京都府産土山古墳・栃木県七廻鏡塚古墳・山形県漆山古墳）が，それらを武器弓とする説（渡辺）と，装飾品的とする説（松木）とがある。

（2）刀・剣

弥生時代の細形銅剣は木などの有機質製装具を伴って使用されたが，遺存する例は希[6]。中細形銅剣はごく小数のみ着柄され，以後の型式は着柄されない。中国・四国地方出土の細形・中細形銅剣の関に双孔があることを根拠に，長柄を着け剣を槍に転用したとする説[7]があるが，着柄は儀仗用と考える。弥生・古墳時代の鉄剣・刀も，本来何らかの木製装具を伴うが，古墳の副葬品での遺存例は少なかった。近年集落・居館遺跡などからの出土（奈良県布留・奈良県名柄など）が増え[8]，細部の構造や鹿角製装具・金属製装具・埴輪との関係が明らかになりつつある。石剣の木製装具も増えている（長崎県里田原・奈良県唐古）。古墳時代に模造品ではない武器としての木刀を認める説がある[9]。

（3）矛・槍・戈の柄

弥生時代の銅矛・銅戈では細形・中細形までは柄を着けることがあった。高知県の神社で中広形・広形銅矛に長柄を着けて祭りに使用しているのに注目して，それが弥生時代における銅矛祭祀の姿を示すとする説があるが，広形銅矛は本来袋の中の真土を抜いておらず，着柄は有り得ない。戦士が着柄した中広形銅矛を持つ想像図も衆を惑わす。古墳時代の鉄矛・槍の柄も墓から希に出土し（栃木県七廻鏡塚古墳），長さ3m以上が多い。

（4） 盾

　弥生時代の盾は長方形をした針葉樹の板目板で，主軸に直行して何条もの小孔列を穿ち刺し縫いして補強するものが多く，そうした刺し縫いを行なわず表面の一部ないし全部に革を張ったと推定されるものが小数ある。赤色顔料を塗布するものが多い。芋本隆裕氏はこれらを弓矢に対抗する置き盾とみなしている[10]が，白兵の発達を考慮すれば持ち盾もあったとみたい。古墳時代の盾の資料としては，従来，古墳に副葬された革張り漆塗り盾・盾形埴輪・盾を持つ武人埴輪・石人・（木・石・土製）模造品や，装飾古墳・「狩猟」文鏡に表現されたものなどがあった。これらのうち革張り盾の芯が木枠か木板か意見が分かれ[11]，4世紀代の盾形埴輪の原型として木製盾が想定される[12]に留まっていたが，近年集落・居館遺跡出土の木製品（徳島県庄・奈良県宮古・奈良県平城宮下層・京都府古殿・群馬県三ツ寺）が増えた。古墳副葬品や盾形埴輪のモデルは，直弧文・鋸歯文で派手に加飾した置き盾で儀仗用とする見解が強いが，後者は装飾が乏しく実戦用持ち盾と見る説がある[13]。

（5） 短甲

　古く末永雅雄氏は，古墳時代の鉄製甲冑の類例として台湾・太平洋諸島などの民俗事例にある籐製・革製甲冑を示し[14]，小林行雄氏は甲が革甲として発生し鉄甲に替わった可能性を考えた[15]。現在では弥生時代に木製品（佐賀県野田一本松・福岡県雀居・岡山県南方・岡山県鹿田・静岡県伊場），古墳時代に木製品（福岡県板付・奈良県坪井・平城宮下層・滋賀県松原内湖・滋賀県赤野井湾・愛知県釈迦山）・革製品（奈良県東大寺山古墳）・植物繊維製品（兵庫県西野山3号墳）が確認されている[16]。木製の短甲は，胸当と背当を別に作り紐で綴じ合わせるものが多く，粗製品と彫刻を施し派手に塗彩する精製品とがあり，後者を儀礼用とする見解が強い。春成秀爾氏は伊場の甲の背当の突起を鳥の羽の表現とみて，女性シャーマンの装具とみる[17]。原始的戦争では，戦場で刃を交える前に敵を威嚇したり，派手な武具で自分の功績を印象付けることも大切な要素だから，実戦用でもあったと考えたい。精粗の別を使用者の階層差とみる神谷正弘氏の見解を支持したい。芋本隆裕氏は，古墳時代に木製甲が衰退し革製・鉄製甲に替わったとしたが[18]，両者並存し階層差を反映すると見たい。

2　弥生時代の木製武器形祭器

（1）　木製武器形祭器の認知

　武器形祭器とは，弥生時代の武器形の青銅・木・石・角製品のうち，身が偏平で刃がつかず，着柄部が貧弱でときには着柄不可能であることなどを根拠に，祭祀具と推定できるものを指す。「武器形祭器」の語は，そもそもは青銅製品について佐原真・近藤喬一氏が用い始めた[19]。武器形の青銅製品に祭祀具があることは1925年に高橋健自氏が指摘して以来[20]，第2次大戦前に一般化していたが，そこでは各種の武器形青銅製品の諸型式のうちから祭祀用のものを指摘するにとどまっており，青銅製武器形祭器を一括して実用の武器に対置したのは原田大六氏に始まり[21]，佐原・近藤氏はそれらに用語を与えたのである。「武器形祭器」の語はその後，青銅製品以外にも拡大使用され今日に至っている。

　弥生時代に武器形の木製品があり，それらに祭祀具とみなせる物があることは，奈良県唐古遺跡・静岡県登呂遺跡の発掘報告書の指摘が早く[22]，1970年代後半以降各地から出土したことから武器形祭器の一種として注目を集めた[23]。武器形石製品に祭祀具があることが強調され始めたのも1970年代後半以降である。こうして，青銅製品から始まった武器形祭器の概念と用語が木・石製品に拡大して使用されるようになった。

（2）　木製武器形祭器の品目・時期・分布

　木製武器形祭器には，剣形・刀形・戈形・戟形・鏃形などがあり，これらのモデルには武器形青銅製品・鉄製武器のほか武器形石製品も想定されている[24]が，簡略な表現のため厳密に原型の判らないものが多い。これらの武器形木製品を祭器と認定する根拠は，赤彩が施される物があり，武器の特徴が象徴的に模造され簡便化している点，である[25]。武器形を含め，一般に形態上刃を有する利器を木で作る場合，実際に刃の切れ味を期待する利器には堅木の広葉樹材が用いられている（鎌・穂摘具）。しかし，切れ味を問わない武器形祭器のほとんどは，使用が一回限りであるためか，加工のし易い針葉樹材が用いられるのが普通である。時期は前期～後期に及び，すでに前期にダンビラ状に誇張した形態の物（奈良県唐古）が出現しており，かつてそれを根拠に平形銅剣の成立を前期近くにまで上らせる説すらあった[26]。今の

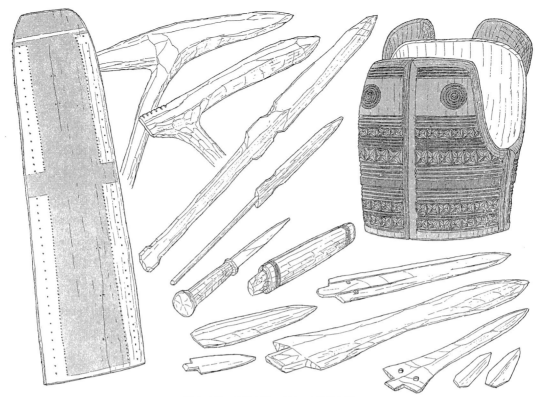

弥生時代の木製武器・武具・武器形祭器

所，静岡県以西の集落跡から出土し近畿地方に多い。武器形木製品を通して弥生時代の祭祀研究に導入された重要な概念が「模擬戦」と「祭祀の重層性」だ。

（3） 模擬戦

武器形木製品の用途は何か。金関恕氏は，武器形木製品が実際の戦闘には使用されていないが，祭祀の過程の中で演じられた模擬戦に使用された可能性を考えた[27]。中村友博氏も武器形木製品に鋒(きっさき)の摩耗した例が多いことに基づき，儀仗や宝賮でなく模擬戦用と認め[28]，この考えは現在では広く受け入れられている。中村氏はさらに，武器形木製品の使用法として，垂下する，長柄を付ける，祭人みずから帯び戦いの所作をする，場合があったことを示唆し，模擬戦こそ武器が祭器に転ずる瞬間であり，やがて武器自体に呪力を仮託し武器形祭器の隆盛を引き起こした原型であるとみた[29]。とはいえ模擬戦の具体像がさして明らかなわけではない。単元が一集落か複数集落か。大集落に他所からも人が集まり祝祭が行なわれたのなら，一集落単元と限定できない。刃を交えるのか単なる舞踊か，小数か集団か，古墳時代につなが

るか。模擬戦の本質にしても，自然に対する人間の戦いか[30]，日常的には埋没している二元的対立が鮮やかに示された後に劇的に融合される祝祭通有のシナリオか，降雨・豊穣祈願か，卜占か，服属儀礼の一環か，未解決の問題だ。武器形木製品が着柄され激しい動きで用いられたとすると，いくら祭祀具とはいえ，それなりに着柄する部分が強固でなくてはならない。しかし青銅製武器形祭器をモデルとする物では，着柄に関わる部分は原型に忠実に貧弱であり，とても干戈を交えるに耐えそうにない。私は模擬戦の存在が十分論証済みとは考えない。かりに存在を認めても，所作はきわめて形式的であったと思う。

（4） 祭祀の重層性

武器形祭器には青銅・石・木など材質の差があり，これと出土状況の差とが対応する。青銅製は埋納され，木製は集落跡に廃棄され，石製には両者がある。中村友博氏は，青銅製を集落を越えた共同団体を単元とする祭器，木製を集落を単元とする祭器とし，社会の「重層性」に対応した祭祀と祭器の「重層性」を考え，祭器の重層化は社会が重層した前期末以降の現象とみた[31]。中村氏が

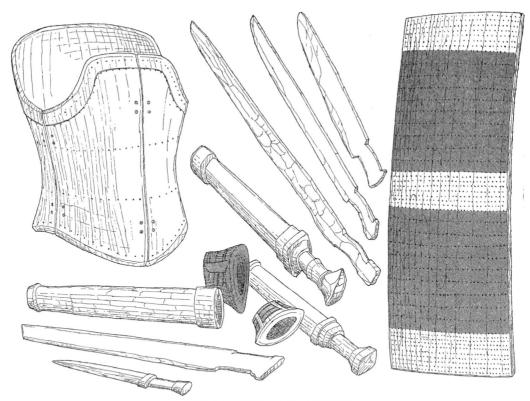
古墳時代の木製武器・武具・武器形祭器

提示した「祭祀の重層性」の考え方には支持者が続出し[32]，現在では広く受け入れられている。複数の集落を統合した共同の祭祀，聖の世界における祭祀行為の共同体の成因について，金関恕氏は俗の世界における軍事行動の共同体の形成をあげたが[33]，農業における共業の進展とした方が良いのではなかろうか。

（5） 青銅製武器形祭器との関係

武器形木製品は武器形青銅製品といかなる関係にあったか。青銅製武器が祭器に転化した理由として，前期にすでに存在した武器形木・石製品による祭祀の伝統を受け，青銅器制作技術の導入が材質転換をもたらしたと見る説が有力だ[34]。青銅製武器形祭器がしだいに長大化した理由についても，偏平板状で肥大化した武器形木製品の影響とする説が有力だ[35]。ただし現状では，武器形の木製品と青銅製品の盛行地は一致せず，後者の祭器化・長大化を前者の存在によって説明できるのは近畿地方のみである。九州地方においては，武器形青銅器の祭器としての取り扱いは非中心的地域から始まって中心的地域に及んだ。

（6） 武器の祭器化

なぜ武器が祭器になったのか。中村友博氏は，石器の消滅と金属器の出現の過渡期に刃物の威力が再認識され，利器に対する崇敬が生じたので，祭器が武器の形をとったとし[36]，田中琢氏は，武力の行使の慣行が，武力の崇拝，武威による悪霊鎮圧祈願を生み出したからとする[37]。ともに末永雅雄氏がかつて唱えた説[38]と似る。田中氏は武器形祭器が神霊の依代ないし神霊を具現したものとは認めていないが，佐原真氏は，田中説を追認しつつも，武器が祭器のみならず神そのものと化し，戦の神が生まれた可能性まで考えている[39]。

武器の中に，何らかの目的を達成するための呪力を認めた可能性は認められようが，弥生時代の武器形祭器の段階で，武力そのものが崇拝の対象になった，あるいは戦いの神が生まれたとまで言えるのか。比較考古学的検討を要しよう。

中村氏はパンテオンの序列の中で武勲が至上位に昇らぬことに注意を促した。木製武器形祭器の盛行した瀬戸内海沿岸地域における最高位の祭器は銅鐸であるから，武器形祭器が武力の崇拝の具であり，祭器の違いがそれに依る神の違いに対応

60

するのなら，中村説の例にもできようが，北部九州地方は逆とせざるを得ない。田中・佐原説か中村説のどちらかが揺らぐということであろうか。

3 古墳時代の木製武器形祭器

古墳時代にも武器形木製品は存続する。剣形・刀形・盾形などがある。居館の周濠や河川（静岡県川合・群馬県三ツ寺など）から刀剣形木製品が多数出土することがあり，弥生時代同様に模擬戦を想定する説がある。ただし模擬戦の機能については，「神招ぎ」[40]，卜占[41]などと意見が分かれる。武器形木製品が溝・濠・川・井戸などから出土することが多いのに基づき，水神鎮撫の儀礼用とする説[42]があるが，そうした場所ゆえに遺物として残ったとも言え，葬送儀礼での使用もあるから，除魔の機能が託されたとやや広く見ておく方が無難であろう。

註
1) 田中 琢『鐔剣鏡』日本原始美術大系 4，1977
   田中氏も現在は，北部九州でも弓矢でなく投弾による射戦があったと考えている（『倭人争乱』1991）。
2) 大林太良・生田 滋「対談 戦の機能と国家形成」『日本古代文化の探究・戦』1984
3) 渡辺一雄「弓・矢」『弥生文化の研究』5，1985
4) 松木武彦「原始・古代における弓の発達」待兼山論叢，18，1984
5) ただし武器であっても儀礼的に使用された可能性がある。古墳時代の金属製弭を着けるものは儀仗化の始まりとされている。時期は下るが，戦闘の始めに行なわれる弓矢による遠隔戦が，ほとんど儀式と言ってよいほど形式化した場合があるほか（大林太良「争いと戦い」『日本民俗文化大系』3，1983），鳴弦の儀，弓祈禱，弓神事を持ち出すまでもない。
6) 奈良県坪井の漆塗流水文剣柄は剣身を伴わないが，茎の断面形から細形銅剣の可能性がある。この剣柄が木製で軽いために，伴う剣身を金属・石製でなく木製とみる説が強いが，日本出土の細形銅剣の大半が有機質製装具であったことからすれば，いかがなものか。
7) 註 1)に同じ
8) 置田雅昭「古墳時代の木製刀把装具」天理大学学報，145，1985，同「古墳時代の木製刀剣鞘装具」考古学雑誌，71-1，1985
9) 金子裕之「祭祀具 武器・武具・農耕具」『古墳時代の研究』3，1991
10) 芋本隆裕「甲と楯」『弥生文化の研究』9，1986
11) 八幡一郎「漆塗革盾」『木代修一先生喜寿記念論文集』3，1977，小林行雄『古代の技術』1962
12) 高橋克壽「器材埴輪の編年と古墳祭祀」史林，71-2，1988
13) 註 9)に同じ
14) 末永雅雄『日本上代の甲冑』1944
15) 小林行雄『古代の技術』1962
16) 神谷正弘「日本出土の木製短甲」『考古学論集』3，1990，上田宏範「日本古代の武器」『戦』1984。岡山市南方では木製の小型長方形板を複数革紐で綴じ合わせたらしい短甲が最近出土している。古墳時代の鉄板革綴短甲との関係が注目される。
17) 春成秀爾「弥生時代の木製司祭服」歴博，37，1989
18) 註 10)に同じ
19) 佐原 真・近藤喬一「青銅器の分布」『古代史発掘』5，1974
20) 高橋健自『銅鉾銅剣の研究』1925
21) 原田大六『日本古墳文化』1954
22) 『大和唐古弥生式遺跡の研究』1943，後藤守一「木器」『登呂』本編，1954
23) 考古学雑誌，63-2，1977，中村友博「弥生時代の武器形木製品」『東大阪市遺跡保護調査会年報』1979年度，1980
24) 23)中村文献
25) 中村友博「武器形祭器」『弥生文化の研究』8，1987
26) 原田大六「平形銅剣の形成と編年」考古学雑誌，47-2，1961
27) 金関 恕「木製武器」『日本原始美術大系』5，1978
28) 註 23)中村文献
29) 註 25)に同じ
30) 西郷信綱氏は久米歌の分析から大嘗祭などの饗宴の席での模擬戦の実施を想定し，さらに祭式一般の本質を自然に対する人間の模擬戦と把えた（西郷信綱『古事記の世界』1967）。
31) 註 23)中村文献
32) 寺沢 薫「弥生人の心を描く」『日本の古代』13，1987，種定淳介「銅剣形石剣試論（下）」考古学研究，37-1，1990，黒沢 浩「弥生時代における祭祀の重層性とその系譜」駿台史学，82，1991
33) 金関 恕「呪術と祭」『岩波講座日本考古学』3，1986
34) 下條信行・小田富士雄・中村友博・近藤喬一の諸氏の説。
35) 岡崎 敬・中村友博・近藤喬一の諸氏の説。
36) 中村友博「武威について」『古代史復元』5，1989
37) 註 1)に同じ
38) 末永雅雄『日本上代の武器』1941
39) 佐原 真「戦争の考古学」図書，1990年8月号，1990
40) 石野博信「総論」『古墳時代の研究』3，1991
41) 註 9)に同じ
42) 辰巳和弘「古墳時代の武器とその性格」『日本の古代』6，1986

特集 ● 先史時代の木工文化

木工文化の周辺

縄文時代以来，木工の発達と髹漆は深いつながりをもち，北方の木工文化や海をへだてての交流，また当時の森林相と関係する

木工と漆／アイヌの木器とその源流／韓国先史時代の木工文化／木工文化と植生

木工と漆

奈良国立文化財研究所
飛鳥資料館
■ 工楽善通
（くらく・よしゆき）

7千年近く前からわが国で漆は木工文化に潤いを与えてきた。
しかし先史時代の人々は漆かぶれにどう対処したのだろうか？

　器物の表面に，耐水を兼ねて美しく化粧するための塗装材料として漆を使用する歴史はきわめて古い。東アジアにおけるこの漆工芸の始まりは，中国新石器時代にあたる河姆渡文化（6000 B.C.）と，日本の縄文文化前期（4500 B.C.）の2例をあげることができる。前者は木胎のみであり，また赤色漆だけの使用であるのに対し，後者は木胎，陶胎ともにあり，容器や装身具の塗装に用いられている。これには，赤色漆と黒漆による繊細な線描きの文様が施され，その表現は実に技巧的である。このことは日本での漆使用の始源が，さらに古くまでさかのぼる可能性を示唆しているといえる。いまのところ，わが国での縄文時代前期に属する漆製品は，福井県・長野県から北海道におよぶ7遺跡から出土しており，陶胎のものはすべての遺跡で出土している。これに対し，木胎は遺跡の立地環境によって，地下水が豊富で遺存しやすい所でのみ出土しているが，当時は北海道から九州まで一般的に広く普及していたものとみられる。この2種の胎に漆を使用することは，縄文時代・弥生時代を通しておこなわれ，木胎漆器は途絶えることなく現代に至るまで，連綿と使用され続けている。

　古墳時代に入ると，竹や皮革，金属に漆を塗ることが新たに始まった。7世紀初頭には夾紵（きょうちょ）の技法や，少し遅れて螺鈿の技法が大陸から伝わり，わが国の漆工技術は大いに発展し，独自の道を歩みはじめた。

　木胎　塗料としての漆がもっとも馴染み易く，漆器として幅広く利用された製品である。縄文時代以来全国的に普及し，その伝統が今に至るまで受け継がれてきている。一般的な木製品と同様に，器物の形態と用途に応じて，樹種の選択がおこなわれており，とくに漆器ということでの選択の配慮はないようである。その母胎となる素地の製作には，A削って作る刳物（くりもの）（斫木胎—中国名），Bロクロで引いて作る挽物（ひきもの）（旋木胎），C板を組み合せて作る箱物（はこもの），D薄板を曲げて作る曲物（まげもの）（巻木胎），E幅せまい薄板を螺旋状に幾重にも巻いて作る巻胎（けんたい），F幅せまい薄板や植物繊維を縦横に編んで作った籃胎（らんたい），などの技法がある。

　縄文時代はもっぱら刳物の技法が幅をきかせ，福井県鳥浜貝塚ですでにみられるように，前期の段階から一木を削り出した赤色漆塗縦櫛のほか，容器として椀，皿類がみられ，径30 cmにもなる大型品もある。赤漆・黒漆ともに使われており，単色の場合のほか，漆塗土器と同様に2色が塗り分けられたものもある。中期の埼玉県寿能（じゅのう）遺跡で

は，木胎の表面に繊細な彫刻を施したうえに，赤色漆を塗った装飾的なものがある。また，中期頃より刳物の技法がほぼ確立し，口縁に彫刻的な突起や把手をつけた鉢類や杓子が盛行する。晩期には透し文様の入った漆塗高杯も登場する。

　弥生時代に入ると刳物に加えて，挽物の技法が加わり，主に高杯や椀の製作に用いられたが，漆塗のものは後期以降にみられ，古墳時代・奈良時代に引き継がれている。韓国茶戸里（ダホリ）遺跡では，紀元前1世紀の挽物で黒漆塗の高杯が出土しており参考になる。

　弥生時代の中期には，丹念に削り出した姿の美しい黒漆塗の杓子が作られ，西日本の各地の遺跡で出土している。

　古墳時代には日常の什器類で漆を塗布したものはいまのところ極めて少なく，漆器の主なものは首長墓クラスの副葬品として出土することの多い武器・武具，装身具や儀仗用品に限られていた感がある。

　箱物の登場は弥生時代の中期にさかのぼるが，漆塗の器物は7世紀以降の埋葬用棺や調度品にその類例がみられるのが早いものだろう。

　曲げ物に漆を塗装する歴史は，中国では紀元前4〜5世紀の戦国時代にみられ，前漢代には精巧な漆絵が施された盒子（ごうす）や奩（れん）が副葬品として出土している。しかし，わが国では奈良時代以降でしか現われないし，黒の単色品のみである。

　薄板を巻いて作る巻胎は，韓国統一新羅時代の雁鴨池（アナブチ）で杯や皿が出土し（ヤナギ材），内面に赤色，外面に黒漆が塗られている。わが国では琵琶湖に面した彦根市の松原内湖遺跡から，ヒノキまたはヒノキ科の薄板を底になる円板に何周も巻き上げて作った皿状のもの（現存径 17.5cm）がはじめて出土した。この巻胎に漆下地を塗りながら，麻とみられる布を全面に貼りつけて，その上に黒漆の上塗りを2層施したものである。その後，やはり8世紀前半の巻胎が奈良県平城京跡で出土したが，その全体の形状は不明である。巻胎の技法は朝鮮半島から導入されたのだろう。正倉院には黒漆塗の合子や筥（はこ）が保存されている。籠状に編んだ藍胎に漆を施したものは，すでに縄文時代後期に出現し，晩期には東日本で盛んとなった。漆塗土器と同様，全面に黒漆を塗ったうえに，赤漆で大胆な文様を描いた皿や鉢が宮城県山王遺跡で多数出土している。いまのところ滋賀県滋賀里遺跡の晩期のものが分布の西端であろう。

　木胎漆製品には以上のほか，弓のように桜の皮を樺巻きにしたものや，木に彫刻を施したものの上に漆を塗ったもの，玉などを象嵌したらしいものなどがある。長木を加工した弓で漆塗のものはいまのところ縄文時代中期のものが古く，後期に属する寿能遺跡出土の弓はきわめて装飾的で飾り弓と呼ばれ，「狩猟儀礼の器具」という見方がある。

　大きな割材を削り込んで加工した器物に盾や短甲，鞍，鐙などがある。いまのところ，弥生時代には盾は赤色顔料で着色したものに限られるが，古墳時代にははっきりした漆塗木盾の存在は確かめられていない。漆塗短甲は，弥生時代の後期以降にいくつかの類例があり，それらは胸当2材と背当からなるもので，革紐で綴じて組み合せるものである。それらの樹種にはカエデ属，ヤナギ，柿などが用いられ，赤色漆と黒漆を塗りわけたものや黒漆のみのものがある。これらのあるものには，その表面に刻み込まれた文様から，それがさらに小板を組み合せたものであるかのような表現がなされているものがある。ごく最近になって，岡山県南方（みなみかた）遺跡から，長方形の薄板を複数枚，革紐で綴じ合わせたと見てよい短甲の部品が数点出土した。いずれも広葉樹材で，片面に黒漆が塗られている。黒漆塗長方形板革綴短甲といえるもので，弥生時代のⅢ〜Ⅴ期にすでに存在することはその出自を含めて注目に価する。

　加工した細材を結び合わせた結歯式の縦櫛は縄文時代中期から見られ，晩期には基部に透かし穴をあけるなど，東日本を中心に北海道に至るまで技巧的なものが多い。弥生時代にはいっても，基本的には東西日本を通じて，この結歯式縦櫛が踏襲される。古墳時代にはこの技法は全くなくなり，竹ヒゴのような細薄材を束ねたものをU字形に曲げて，基部を綴じ合わせた黒漆塗のもの一辺倒となる。

　古墳時代の木製刀装具では，把頭や把尻に直弧文を彫刻し，黒漆塗装をしたものや，愛媛県福音寺遺跡の把頭のように，狐の頭部を作り出し，直弧文（ちょくこもん）を線刻したのちに沈線を朱彩し，両眼に玉をはめ込んだらしい凹み穴を有するものなどに優品がある。7〜8世紀には貝片をはめ込んだ螺鈿など，唐文化の影響を強く受けてさらに技法的に水準の高い作品を生んだ。

　木胎漆器の多くは，縄文時代以来容器が主流で

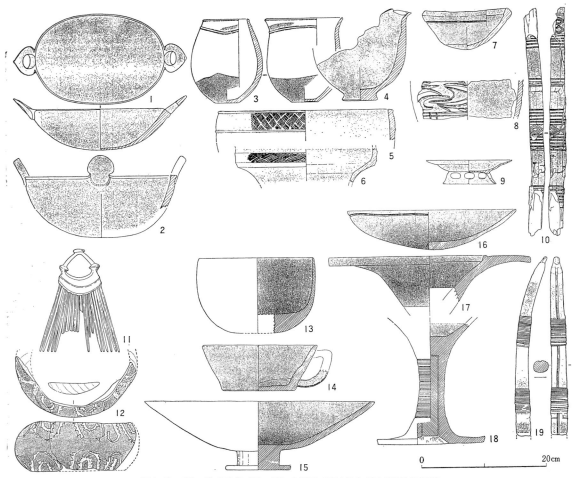

縄文（1～10）・弥生時代（11～19）の漆器（出土地などは70頁表参照）

あり，他に装身具，祭具，武器・武具，馬具，葬具など幅広い利用がある。これらは日常生活に用いるもののほか，その多くはむしろ，祭式や神事などのハレの場や，忌の時などに使用するものが多かったとみてよい。

その生産にあたっては，例えば，奈良県唐古（からこ）遺跡で出土した弥生時代前期の赤漆塗縦櫛は，西日本の4府県で計4カ所の集落遺跡に限って出土しており，その4個の形態や大きさ，技法が共通していることから，どこか1カ所の漆工房で作られて，特定の入手経路を通じて，それぞれの場所へ運ばれたものと考えられる。

弥生時代では，銅鐸をはじめとする青銅器の鋳造や，ガラス玉の製造などのハイテク製品の製作には，その技術を身につけた専門工人があたり，その製品の流通にも特定の集団が介在していたことが説かれている。漆器製作に関しても，またそ

うであったといえるだろう。

先にも記したように，古墳時代に入ると一般的な集落内の溝や湿地から，漆を塗布した日常什器類が出土することはほとんどないといってよい。このことは，漆器の生産やその使用が，各地の支配者層に掌握されてしまった結果だろうと推測できる。恐らく樹木としての漆の木の管理から，樹液の採取，そして，素地の製作や塗装して仕上げることに至るまでも，手中におさめていた集団があったといえるだろう。

木胎品と関連させて，その存在を考慮しておかなければならないものに皮胎がある。出土遺物から皮胎の存在を推定し得るのは，古墳の副葬品で，広い面積を持つ漆膜のみが出土する場合である。その裏面（胎に接する部分）に木目などの痕跡が認められないものを皮胎であったと推定している（この場合も漆膜裏面に，皮表面にある毛孔やしわ

の痕跡が，顕微鏡観察で明らかとなる），例えば，靫（胡籙），盾などの可能性が考えられる。靫は前期古墳の副葬品として革に繊維または革紐を編みつけたものがあり，部分的に木板も使用して作られたものがある。

竹胎 竹そのものが土中で遺存し難いこともあって，縄文時代・弥生時代の竹胎の漆製品はみつかっていない。古墳時代には矢柄（シノダケ）の一部に糸を巻きつけ，その部分に黒漆を塗って仕上げたものがあるのみである。

夾紵胎 麻や絹などの布を型にあて，漆で接着しながら貼り重ねて母胎を作り，その上に漆を塗って仕上げるもので，乾漆または塾(そく)ともいう。中国では前漢時代の前期にすでにこの技法が棺や容器製作に用いられている。わが国では，7世紀はじめとしてよい河内の聖徳太子墓が夾紵棺であることにはじまり，牽午子塚(けごしづか)古墳，塚穴山古墳，天武・持統陵などなど7世紀代には夾紵棺の使用が頻繁であったといってよい。夾紵の技法は恐らく朝鮮半島を介して伝わったと考えられ，主に箱形の棺に用いられた。この場合すべて黒漆塗である。なかには心を木胎で作り，その上に布を貼り重ねた木胎夾紵とでも呼ぶべきものがある。

漆用の道具類 漆の樹液を塗装料として使用するには，まず採取した樹液を容器に入れて保存することからはじまって，そこに混入した夾雑物を取り除いたり，漆液中の水分を蒸発させるくろめ作業などさまざまな工程を必要とする。これらには，その時々に用いる専用の道具類がある。遺跡の発掘調査でそのような貯蔵用容器，漉し布，とり皿，刷毛，箆(へら)などの道具が出土することも多くなった。

縄文時代の後半にはすでに貯蔵用として土器利用の壺や鉢が出土しているが，いまのところ木製容器は見つかっていない。長期間の保存には，当然木製品の容器が用いられたに違いない。事実，7世紀以降には曲物の漆保存用容器が普及し，その密閉材として，固着した漆紙が各地で出土している。また，夾雑物を取り除くための漆液をしぼったときの漉し布も縄文時代のものが出土している。7世紀後半には，これらのほか，木製の刷毛や箆なども出土し，貯蔵用器内には，顔料や混和材を含めた漆の存在もあるようである。今後これらの残存した漆や，道具類に付着した漆を分析することによって，樹液として採取後，どのような精製・添加の工程を経て，塗りに至るのかというような工程の一端を復元することも可能になるであろう。

漆以外の樹液の塗布 弥生時代以降の木製品で，その表面が黒漆塗のように光沢はなく，また，厚みのある膜面を形成していないが，素地の木胎の色とは違って黒色化したものがある。このような発色をしたものについて，柿渋を塗布したものとか，何らかの樹液を塗ったものと判断しているが，科学的に分析した結果ではない。しかし，肉眼観察から黒色化していることは事実で，椀，高杯，杓子など容器類に多く，簡易な耐水対策ともみられる。

参考文献

山田昌久・山浦正恵「漆器の器種と樹種の選択・製作技法をめぐって」『寿能泥炭層遺跡発掘調査報告書一人工遺物・総括編』埼玉県立博物館・埼玉県教育委員会，1984

鈴木公雄「寿能泥炭遺跡の調査の意義―特に木製品・漆製品を中心に」同上

高橋忠彦「縄文時代の漆工遺跡」えとのす，26，1985

金子裕之ほか『松山市・船ヶ谷遺跡』愛媛県教育委員会，1985

永嶋正春「縄文時代の漆工技術」国立歴史民俗博物館研究報告，6，1985

伊東信雄ほか『山王囲遺跡調査図録』宮城県一迫町教育委員会，1985

小松大秀編「漆工　原始・古代編」『日本の美術』229，至文堂，1985

工楽善通「漆工技術」『弥生文化の研究』6―道具と技術Ⅱ，1986

工楽善通「わが国での漆使用の起源とその展開」漆工史，10，1987

内田律雄ほか『朝酌川河川改修工事に伴う西川津遺跡発掘調査報告書Ⅳ・Ⅴ（海崎地区2，3）』島根県教育委員会，1988・89

鈴木公雄「漆を使いこなした縄文人」『古代史復元』2―縄文人の生活と文化，講談社，1988

八戸市博物館編『縄文の漆工芸』開館5周年記念特別展冊子，1988

石川県立歴史博物館編『漆　うつわの文化史』秋季特別展冊子，1988

北海道埋蔵文化財センター『忍路土場遺跡・忍路5遺跡』昭和60・61・62・63年度，1989

石川県埋蔵文化財センター『金沢市米泉遺跡』1989

奈良国立文化財研究所編『漆製品出土遺跡地名表』Ⅰ・Ⅱ，埋蔵文化財ニュース，49・70，1984・91

青森県立郷土館編『漆の美―日本の漆文化と青森県』1993

国立歴史民俗博物館編『漆文化―縄文・弥生時代』1994

アイヌの木器とその源流

北海道埋蔵文化財センター
田口　尚
（たぐち・ひさし）

アイヌの木器には続縄文時代〜擦文時代から進化しながら受け継がれてきたものや，各時代にすでに完成していたものが存在する

アイヌ文化期（中・近世）の遺跡は，これまでにチャシ，集落，墳墓，貝塚，送り場などの調査が実施されている。しかし，生活用具の中心であった木器類は，ほとんど発見されていない。希に炭化状態で発見される以外は，墳墓に副葬された刀，山刀の鞘・柄に付着した状態や，木質部の腐朽した漆器類などとして遺される程度であった。この期については土器・陶磁器類が使用されなかったために考古学的な年代推定の手がかりも少なく，和人による文献史料も道南部を除いて断片的である。ただし，当時のアイヌの生活や用具については18世紀以降にシサㇺ（和人）によって描かれた『蝦夷嶋奇観』（村上嶋之允 1799），『蝦夷生計図説』（村上貞助 1823）などの若干のアイヌ風俗画がある程度の手がかりを与えてくれる。一方，現存の伝世アイヌ民具についても，採集地域や採集用具に片寄りが見られ，地域や年代の明確なものは少ない。しかも，本来の生業基盤が制約された幕末や明治以後の資料が中心であり，地域差や編年的な研究は足踏み状態となっている。

最近調査された千歳市美々8遺跡[1]の低湿部からは，擦文時代からアイヌ文化期にかけての遺構や木器類が多量に発見され，その成果が期待されている。遺跡は樽前火山灰の降灰による水位の上昇で，岸辺のコタン（集落）とともに水没したものと思われ，非常に生々しい状態で発見された。ここからはチセ（家屋）とその付属施設であるプー（高床式倉庫），ウナラエウシ（灰送り場），トマリ（舟付場）とそれに伴う建物跡などの遺構が発見されている。遺物は水上交通や漁撈・狩猟を中心とした現存するアイヌ民具のほとんどの種類にわたるものである。遺構や遺物は実年代の明確な樽前a火山灰（1739年降灰），樽前b火山灰（1667年降灰），苫小牧火山灰（B-Tm，10世紀中頃降灰）に覆われていた。発掘調査は1992年度に終了したが，現在も分類・整理作業を継続中であり，日日新たな遺物が追加されている。

ここでは出土した多種多様な木器類すべてについて触れる余裕がないので，生活基盤となった漁撈や狩猟に関わるアイヌ自製の用具について概観する。その他の用具や部品は，表1にまとめた。アイヌ語名称については，基本的に萱野茂氏の『アイヌの民具』[2]の名称を使用する。

1　アイヌの木器

日常生活用具の大部分を占める木器の製作には，マキリ（多用途の小刀）やタシロ（多用途の山刀）などが基本工具として使用された。出土遺物には鋸，鑿，鉋による加工痕はまず見られない。彼らにとってマキリとタシロは，常に携帯する最も重要な道具であった。刳物製作や彫刻は男の仕事で，これらの鞘や柄に刻まれた彫刻技術は，一人前の男としての能力判断材料ともなったらしい。木器製作用のマキリには，レウケマキリ（先の曲がった刳物製作用）やイナウケマキリ（刃がまっすぐで，細い木幣製作用）などの種類がある。他には，刃を曲げたイヨッペ（鎌），舟の製作にはパンチョムカㇷ゚（斧）やテウナ（ちょうな）・モッタ（ちょうなの先を丸くしたもの）などが使用されたという。

アイヌの生活用具には自らが製作・使用したマレㇷ゚（自在の魚突鉤）やキテ（回転式離頭銛）などの伝統的な自製品の他に，交易によりアイヌの所有物となった漆器類，桶，樽などの和産物や北方地域との交易による舶来品が含まれる。とくに板材を素材とした木器類については，交易品を二次的に加工した半自製品も多く存在し，アイヌの木器と断定するには余程特徴的な遺物でないかぎり難しい。ただし，漆器類などや道外産の樹種製品であっても，イトㇰパ（祖印）やアイヌ文様の基本形のアイウシ文（括弧文）など特有の文様が彫刻されたものはアイヌの所有物と考えて差支えない。

交通・運搬具　舟は重要な交通機関であるばかりか，漁撈・海獣猟，交易品などの重量物運搬に欠かせない用具であった。アイヌの舟は独木舟（チㇷ゚），板綴舟（イタオマチㇷ゚），木皮舟（ヤラチㇷ゚）の

表1 千歳市美々8遺跡出土木器一覧

建築材 土木材	イクシペ（柱）、ソベシニ（桁）・ソエトモツエプ（梁）、キタイオマニ（棟木）、屋根や壁を編込むケム（屋根針）、プー（高床式倉庫）のニカプ（梯子）垂木、母屋材、杭、板材、割材、丸木等の構造材など。
交通具 運搬具 結束具	イタオマチプ（板綴舟）舷側板、各種形態のアッサプ（早櫂）、カンチ（車櫂）、トッリ（棹）、タカマチ（車櫂受部）、ワッカケプ（舟あか汲み）、チプサキリ（横棒）・キリヒ等の構造部材の他、イトッパ（祖印）シリカプ（メカジキ）の線刻画の刻まれた櫂・車櫂など。 タラ（背負縄）、サラニプ（編み袋）、紐・樹皮など。
漁撈具	マレプラスパ（魚突鉤台部）、キテラスパ（回転式離頭銛中柄）、オプ（柄棹）・オッケシ（指掛部）、イサパキッニ（魚叩き棒）、ヤス状製品など。
狩猟具	ク（弓）、マカニッ（矢中柄）、アイス（矢柄）、アイチャシ（矢筈）、アマック（仕掛弓）台部、イカヨッ（矢筒）翼部など。
切截具	タシロ（山刀）柄、タシロ鞘鞘軛部、マキリ（小刀）柄、マキリ樹皮製鞘など。
採集具 農耕具	ニシッタプ（鉤型木鍬）、トッレプニッ（根掘具）、クッカ（風呂鍬）木部、シッタプ（踏み鋤）木部など。
加工具 道具類	縦槌、トッチ（横槌）、センピ（楔）、ピン類、小型携帯用木製台付のルイ（砥石）、トッレッキッニ（オオウバユリたたき板）、メノコイタ（俎板）、イタタム（作業台）など。
紡織具	アットウシペラ（織機用糸締具）など。
食事具	イペパスイ（箸）、イマニッ（刺し串）、チヤサイマニッ（挟み串）、シトペラ（団子箆）、ペラパスイ（平匙）、カスプ（杓子）など。
容器類	ニマ（鉢）、イタ（盆）、オイペプ（餌入れ）、ヤラニトウシ（樹皮製手桶）把手などの自製品。 曲物、曲物桶の把手、オッチケ（膳）、シントコ（桶・樽）の側板・蓋・底・栓、折敷、イタンキ（漆塗椀）、パッチ（漆塗鉢）、トッキ（漆塗坏）などの交易品。
発火具 燈火具	ヒキリ板、ヒキリギネ、カッパン（火口）、スワッ（炉鉤）、チノイエッツ（燈火用樺皮）、スネニ（燈火用挟木）、タッニカッ（焚付け用樹皮）、アペパスイ（火箸）など。
服飾具	根付、チンル（堅雪用かんじき）、イトクパ付下駄など。
祭祀具	イナウ（木幣）、イクパスイ（捧酒箸）、ヘペライ（子熊矢・花矢）、シュトー（制裁棒）など。
各種ミニチュア （玩具・まじない）	マレプラスパ、キテラスパ、アマック台、イコロ（宝刀）、ペラなど。

3種に大別される。イタオマチプは外洋でも使用された大型の準構造船であるが，完全な形で現存するものはなくアイヌ最大の失われた木製品である。舟材は地方によって若干異なるが主にランコ（カツラ），ピンニ（ヤチダモ），チプニスス（バッコヤナギ）が使用された。

本遺跡の湾入した川岸にはトマリが発見されており，その周辺からは，舟材，舟具が多数出土している。しかし，イタオマチプやチプなどの独木舟本体は発見できなかった。

イタオマチプの舷側板は，長さ約3.7m，幅約35cm，厚さ約2cmの板材で，内面にはテウナの削り痕が鮮明である。両側縁には独木舟本体やタカマチと結束した約20cm間隔の角孔が列なっている。タカマチ（車櫂受部）には軸部差込み式と枝を利用した軸部作出式の二種があり，両端部には舷側板に縛りとめるための挟入がある。表面にはイトッパ（祖印）やシリカプ（メカジキ）の線刻

画が刻まれたものもある。アッサプ（早櫂）はパドル形の櫂であり，水搔部の肩が張り出したものと水搔部が明確な肩を持たない細長いものに分けられる。先端部の形態には角形，U字形，V字形があり，柄末端部の構造には握部のないもの，削りだした逆三角形の握部のもの，T字形やY字形の握部を装着したものなどがある。全長120cm前後のものは独木舟に使用され，全長200cm前後のものは舷側の高いイタオマチプに使用されたと考えられる。水搔部にアイウシ文とシリカプの線刻画，柄の端にイトッパ（祖印）が付された櫂に，噴火湾沿岸から日高沿岸にかけて行なわれたシリカプ漁との関わりが強い。しかし，アイヌ民族例では櫂水搔部に線刻画などを彫らないと言う。また，アッサプの中には擦文時代の櫂と考えられるものも発見されており，今後の編年材料となりうる。カンチ（車櫂）はイタオマチプに使用されたオール形の櫂である。軸差込孔の周辺はやや太く，孔は水の抵抗と回転運動のため楕円形に摩耗している。軸差込孔が2か所にあるものは，舟縁と水面の高さに合わせて回転軸の長さを変える構造であろう。ワッカケプ（舟のあか汲み）には『蝦夷生計図説』に描かれた環状の把手のものや塵取のような一本軸の把手がある。

当遺跡の舟材と関係深いものには，苫小牧市沼ノ端遺跡[8]から発見された5艘の独木舟や千歳市ママチ川丸木舟遺跡出土の独木舟がある。いずれも樽前火山灰下から出土しており，本遺跡の舟用具とほぼ同じ1667年前後の年代か若干遡るものと考えられている。沼ノ端遺跡出土舟のうち2艘は，舷両側に連続する孔が穿たれたイタオマチプの舟底部であった。舳先にはアイウッ文が彫刻され，舟内の棹や櫂にはイトッパが刻まれていた。

漁撈具　マレプ（魚突鉤）とキテ（回転式離頭銛）はアイヌを代表する漁撈具である。完全な形態のマレプラスパ（台部），キテラスパ（中柄）・オプ（柄棹）・オッケシ（指掛部）の発見は本遺跡が初出である。

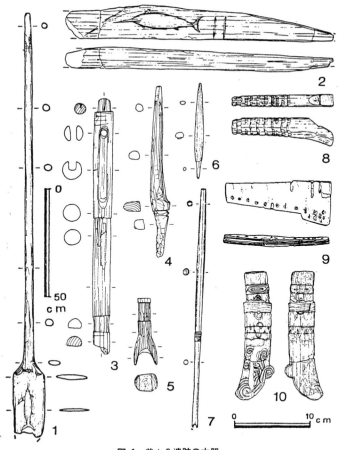

図1 美々8遺跡の木器
1アッサプ, 2タカマチ, 3マレップラスパ, 4キテラスパ, 5オッケシ, 6マカニッ, 7アイスプ, 8マキリ柄, 9マキリ樹皮製鞘, 10タシロ柄

マレッは棒の先に溝を付け, そこに鉄製の鉤を嵌めこんだ道具であり, 主にサケ・マス漁に用いられた。構造はU字形の鉄鉤部, ラスパ(台部分), オッ(柄棒)の三つの主要部分から成る。ラスパには鉄鉤を装着するマレッチッ(鉄鉤溝)が掘りこまれ, 基部の固定された鉄鉤の作動により銛と鉤の二通りの機能を有する。先端の石突部には, 使用によるツブレやササクレが認められ, 石突部保護用のソケットを嵌め込む構造のものもある。現存する資料と比較すると一回り細いものが多く, サケ漁よりもマスなどに使用されたものであろうか。マレップラスパはアジサイ属(ノリウツギ)材が主体である。ノリウツギはラスパニ rasupa-ni と呼ばれ, マレッを作る木(ni)とされている。関連遺跡には, 札幌市K483遺跡[4]があり, テシと呼ばれる割材を柵状に配したサケ捕獲施設が発見されている。柵内からは欠損したマレッチッに装着

された状態の鉄鉤部分が出土している。イサパキッニ(魚叩き棒)はイナウ(木幣)の一種とされ, 握り部分だけ樹皮を剝ぎ, やや細く加工して削りかけをつけたものである。サケはカムイチェップ(神の魚)として厳粛に扱われ, イサパキッニで頭部を打って止めを刺し, これでイナウ(木幣)を貰ったことになり天国に帰るとされる。キテは主にシリカッ, キナボ(マンボウ)などの大型魚類やトッカリ(アザラシ), オットセイなどの海獣猟に用いられた。十勝地方などでは川を泳ぎ渡るシカ猟にも使用されたらしい。構造は銛先, 銛先を嵌めるラスパ, オッ, オッケシの四つの主要部分から成る。

キテ(銛先)は獲物に刺さるとキテラスパが折れ, 銛先のみが体内に残り90度回転して抜けない構造となっている。本遺跡のキテラスパには一本式のものと2本組合せ式のものがある。前者は直線的で細長いが, 後者は緩く弧状を描きオッとの接合部で屈曲する。漁猟対象により形態や大小を選択したものと考えられるが, マレッ同様に現存するキテラスパよりも若干小型細身である。先端部にはいずれも使用後の折れ, ヒビ割れ, 摩耗が認められる。オッケシはキテオッを投げ飛ばす時に指を掛ける大型の弓筈状の部分である。オッが挿入される部分は細長い円錐形に彫り込まれている。キテラスパ, オッケシともアイヌ民族例同様にアジサイ属(ノリウツギ)材が主体である。オッは長さ3m前後, 径約3.5cmの両端の細い棒状で, オッケシの装着された位置から120cm前後の部分が手ずれにより細く摩耗している。キテはシリカッの線刻画の刻まれたタカマチやサッカイの存在から, シリカッ漁に使用されたものが主体と考えられる。

狩猟具 北海道アイヌのク(弓), アイスッ(矢柄)は和人や樺太アイヌのものと比べて短く, 丸木を使用した1m前後の短弓が多いとされる。出土したクは弓筈部を細長く削った丸木弓であり, 中央部付近で切截されていた。樹種はアイヌ民族例同様のイチイ材であった。マカニッ(矢中柄)は墓の葬品として一般的なもので, シカの脛骨製のものが各地から出土している。マカニッ maka-ni の ni

は木を意味する言葉であることから本来は木製のものが主体であったと思われる。本遺跡では木製のものが多く、アイヌ民族例と同じくアジサイ属（ノリウツギ）材が主体である。形態はシカの脛骨製と同様の全体が細く尖る流線型のもののほか、先端が低い円錐形や平坦となるものがある。後二者の形態のものは、鳥を射る矢、競射用矢、子供の練習用の矢と考えられ、これらには鏃がつかないとされる。出土遺物には表面にイトッパが刻まれているものもある。アマック（仕掛弓）は丸木を割裂いたものや股木に挾んで固定し、触り糸をのばして動物の通路に設置された。動物が糸に触れると毒矢が弦を離れて獲物を倒す構造になっている。通常のアイスッには矢羽根がつけられているが、本遺跡のものには明瞭な矢羽根の痕跡はない。至近距離で射られるものやアマック用にはアイラッ（矢羽根）をつけないと言う。アイチャシ（矢筈）はU字形に7mm程削り込まれている。アイスッを入れたイカヨッ（矢筒）には、両側に翼が付けられる。翼部には矢筒吊り下げ用と固定用の穿孔があり、環状のサクラ皮が残存していた。表面にはシク文（菱形、三角形）、アパポピラスケ文（花平）が彫刻され、側縁にイトッパが刻まれており、儀礼用のイカヨッ翼部であろうか。

当遺跡出土の木器（表1）はチセやトマリに伴うもののほか、植物質材料の道具や炉の灰を送ったとされるウナラエウシ（灰送り場）にイワクテ（道具送り）された道具類の可能性がある。

2 アイヌの木器と源流

現在のところ出土木器例が少なく、源流を検討できるほどの好資料がほとんど得られていない。現状において、アイヌの木器との関わりが想定されるものには以下のものがある。

漁撈や狩猟に関するものでは、続縄文時代の江別市江別太遺跡[5]のヤス状の銛先やサケ叩き棒などの漁猟具がある。股木杭などの配列からアイヌのセッ（棚）を使ったサケ漁に関するものと推測されている。オホーツク文化では根室市弁天島貝塚出土の骨製針入れに彫刻された捕鯨図に離頭銛を使った当時の海獣猟の様子を見ることができる。離頭銛自体は縄文時代から認められるが、形態的変遷からオホーツク文化の離頭銛がアイヌ文化期にキテとして成熟したものと考えたい。羅臼町松法川北岸遺跡[6]では蒸し焼き状態となった矢柄の遺る矢筒が発見されている。最近ではサハリンのイワノフカ遺跡からアイヌのイクパシイ（捧酒箸）を思わせる曲線文の彫刻された箆状の木製品[7]が発見されており、海獣猟に関する儀礼などの存在が想像される。擦文時代では札幌市サクシュコトニ川遺跡[8]や旭川市錦町5遺跡からサケ漁に関する遺構が発見されている。サクシュコトニ川遺跡ではサケ止め用の割材を主体とした木杭列とそれを埋める横木や枝材からなるアイヌのテシ（柵）様の遺構が発見されている。柵杭の加工は先述のK483遺跡同様のものであった。また、マレッの鉄鉤、ヤス状の木器も多数出土しており、イトッパのような刻文が付されたものもある。マレッの鉄鉤部は豊富町豊里遺跡、千歳市末広遺跡などの多くの遺跡から発見されており、テシ漁、マレッ漁はすでに擦文文化には確立していたと考えられる。ただし、ヤスはアイヌ文化では使用しないと言われており、今後の検討を要する。

切截具のマキリ樹皮製鞘は、以前から本州の古墳時代の石製の刀子模造品と似ていることが指摘されていた。道内では『西蝦夷日誌』（松浦武四郎）に描かれたものや続縄文時代後半頃のものと推測[9]される石製模造品が石狩町紅葉山51遺跡で表採されている。樹皮製鞘は擦文時代の端野町広瀬遺跡からも出土している。古くは木製より樹皮製の鞘が主体であった可能性があり、マキリがすでに続縄文時代に存在していたとも考えられる。

容器類は、続縄文時代の江別太遺跡から片口や舟形容器など、オホーツク文化の羅臼町トビニタイ遺跡、松法川北岸遺跡からは舟形容器やクマ頭部を模した注口容器などが発見されている。擦文時代では美深町楠木遺跡、広瀬遺跡、根室市西月ケ丘遺跡、釧路市STV遺跡、東釧路遺跡、浦幌町十勝太若月遺跡などから、椀、鉢、片口、舟形、樹皮製容器などが蒸し焼き状態で出土しており、交易品である曲物や漆器類なども発見されている。これらの容器形態の大半はニマ（剝鉢）、エトゥヌッ（片口容器）、チポ・ニナッ（筋子潰し）、サカエナッテッ（酒粥ざまし容器）、ヤライタンキ（樹皮椀）などのアイヌ自製の容器に類例を見出すことができる。STV遺跡の漆器片や東釧路遺跡などの曲物は、土器を使用していた擦文時代において、すでにアイヌと同様の木製容器組成をもっていたことを証明するものである。これらがアイヌ文化と同様に、祭祀や儀礼にも関わる重要な生活用具で

あったか否かが問題となろう。アイヌ文化期の遺跡では漆器類が墓の副葬品として遺される例が非常に多く，今後漆器類の編年的研究を進めることは，一部の金属器や陶磁器とともに時期や交易ルートを探る重要な手がかりとなる。

　以上のように，アイヌの木器には続縄文時代〜擦文時代から進化しながら受け継がれてきたものや各時代にすでに完成していたものが存在する。アイヌの木器に付されたイトッパ，彫刻，動物意匠なども，オホーツク文化や擦文時代の精神的な伝統を受け継いだものと考えておきたい。

3　おわりに

　北海道における木器の研究は，まだ途についたばかりで比較資料が少なく，形態的特徴のみから即アイヌ民具と対比される場合も多い。木製民具の樹種選択はある程度明確であり，今後は形態や製作技法のみならず樹種を含めた検討が必要である。また，樹種同定は民具例を再確認できるばかりでなく，当時の生活環境や交易ルートなどを知る手がかりともなる。今後のアイヌの木器検討には，比較資料となる現存する民具の実測図作成や樹種同定作業が急務であると考える。

　なお，現在，生業復元における聞き取り調査や実践的な食生活の復元が，精力的に進められているが，伝承や民族資料などの確認作業において残された時間は少ない。考古学資料による復元作業や調査研究はアイヌ文化の解明にますます重要な役割を果たすことになるであろう。

註
1) 田口　尚「2北海道千歳市美々8遺跡（低湿部）」『日本考古学年報』44，1993
　（財）北海道埋蔵文化財センター『美沢川流域の遺跡群』北埋調報 69，77，83，1991〜1993
　（財）北海道埋蔵文化財センター「美々8遺跡（低湿部）」『調査年報』5，1993
2) 萱野　茂『アイヌの民具』すずさわ書店，1978
3) 苫小牧市教育委員会・市立苫小牧図書館『苫小牧沼ノ端丸木舟発掘調査概要報告書』1966
4) 札幌市教育委員会『K482，483 遺跡』1988
5) 北海道先史学協会『江別太遺跡』1979
6) 羅臼町教育委員会『松法川北岸遺跡』羅臼町文化財報告 8，1984
7) 野村　崇「サハリンの少数民族」北方圏，86，北方圏センター，1994
8) 北海道大学『サクシュコトニ川遺跡』1986
9) 野村　崇「北海道出土の石製模造品に関するノート」『先史学と関連科学』吉崎昌一先生還暦記念論集刊行会，1993

縄文・弥生時代の漆器一覧

	名　称	遺跡名	所在地	時代	材質・顔料・備考
1	朱漆塗把手付鉢	南鴻沼	埼玉県与野市大戸	?	広葉樹，下地黒漆？
2	朱漆塗把手付鉢	南鴻沼	〃	?	広葉樹，下地黒漆？
3	黒漆塗壺	寿　能	埼玉県大宮市寿能町	縄文後期	イヌガヤ，下地の一部朱漆
4	朱漆塗片口鉢	寿　能	〃	後　期	サクラ類
5	朱漆塗深鉢	寿　能	〃	後　期	イヌガヤ，外面下地黒漆
6	朱漆塗深鉢	寿　能	〃	後　期	サクラ類，下地黒漆
7	黒漆塗椀	寿　能	〃	中　期	口縁内一部朱漆
8	朱漆塗深鉢	寿　能	〃	後　期	イヌガヤ，下地黒漆
9	朱漆塗高杯	是　川	青森県八戸市是川	晩　期	推定復原
10	黒漆塗飾弓	寿　能	埼玉県大宮市寿能町	後　期	イヌガヤ，糸巻部朱漆（Fe_2O_3）
11	赤漆塗竪櫛	納　所	三重県津市	弥生前期	結歯式，基部のみ赤漆，HgS
12	黒漆塗朱描文腕輪	拾六町ツイジ	福岡市西区拾六町	前　期	木　胎
13	黒漆塗椀	唐　古	奈良県磯城郡田原本町	前　期	内面のみ漆，刳物
14	黒漆塗把手付鉢	池　上	和泉市池上町	中　期	内面のみ漆残
15	黒漆塗高杯	篠　束	愛知県宝飯郡小坂井町	中　期	ケヤキ，内面のみ漆，刳物
16	黒漆塗浅鉢	池　上	和泉市池上町	中　期	刳　物
17	黒漆塗高杯	池　上	〃	中　期	ケヤキ，刳物
18	黒漆塗高杯	池　上	〃	中　期	内面のみ，刳物
19	朱漆塗飾弓	朝　日	愛知県西春日井郡清洲町	中　期	マユミ，樺巻あり

韓国先史時代の木工文化

韓国国立光州博物館
■ 趙　現　鐘
（チョウ・ヒョンジョン）

大阪市文化財協会
今津啓子（訳）
（いまづ・けいこ）

韓国先史時代に関する木工資料は最近になって低湿地遺跡の調査が増え出土例が急増しつつある。研究の進展が大いに期待できるところである

　現在までに韓国において知られる木製遺物についての考古学的な資料は，非常に限られている[1]。それは調査された遺跡の大部分が住居や墓葬遺跡であって，木器類が腐触してしまうような乾燥した遺跡であるからであり，木製遺物の検出が容易な水田地や沼沢地・低湿地・泥炭層などのいわゆる滞水状態の湿地遺跡についての調査例が多くないからである。しかし新石器時代に属する遺跡から出土した多様な形態の石斧類の存在や，各地で調査された竪穴住居跡に柱穴が配置され，屋根の内部構造などの組合せ方法などを考えると，すでにこの時期から木材が実生活において広範囲に使用されるようになったと推定することができる。

　韓国において本格的な木製品加工技術の発展した時期は，青銅器時代と考えられるが，それはこの時期の文化的な特徴である磨製石器の盛用，稲作農耕の発達，そして金属器の登場などと密接な関連があるものと思われる。とくに木製品加工の技術的な側面は，この時期に入って成立する各種の道具の変遷過程からよく把握することができる。たとえば，青銅器時代前葉では，前の時代に続いて多用された伐採用の蛤刃石斧類とともに有溝石斧・扁平片刃石斧・石鑿といった木工用の加工斧が使用されるのであるが，ここに銅鑿・銅製鉇・銅斧などの青銅製工具が登場する時期が中葉ごろである。そして青銅器時代後葉（鉄器開始期）以後では，鋳造鉄斧と鉄鑿などの工具セットに交替すると同時に鉄器一色に変化するのである。しかしこのような工具の発達や変遷による木製品製作の技術を知ることのできる遺物の種類や数量はそんなに多くはない。だが，最近の調査を通して知られるようになった慶尚南道昌原郡茶戸里遺跡[2]と光州市新昌洞遺跡[3]から出土した各種の木柄と，容器類を含む木製加工品あるいは漆器を見ると，すでに相当な水準の組織化された木工技術とともに，漆工技術の段階になっていたことを知ることができる。また新昌洞遺跡では，板材・分割材および斧枕木など，木製品製作との関連を示唆する遺物が出土しているだけでなく，これから先も当時の木製品の製作を追跡できる資料が出土する可能性が高いといえよう。

　以下においては，これらの遺跡を中心として，現在までに韓半島[*1]から出土した先史時代の木製遺物について概観したのち，出土した遺物を種類別に考察してみようと思う。

1　木製遺物出土遺跡の検討

　韓国では，最近茶戸里遺跡の調査を通して，紀元を前後する時期の労働道具あるいは生活用具としての木工遺物および漆工遺物の様相を把握することができるようになった。とくに青銅器および鉄器・木製品・漆製品などを中に入れた遺物埋納箱の出土で有名な茶戸里遺跡の1号木棺墓とその周辺の遺物は，滞水状態におかれていたので，これらの遺物が非常に良好な保存状態で出土した。また多量の土器類とともに木器・漆器類・炭化米などが出土した光州市新昌洞遺跡の沼沢地のⅠ期第9層は，含水状態の黒褐色有機物腐植土層で，出土した遺物は比較的良好なものである。まず茶戸里遺跡の時期であるが，遺跡の上限年代は B.C. 2世紀ごろに編年されている。同様に土壌条件において低湿地や泥炭層も良好な木製遺物の保存環境を提供していて，良い例としては，漆器と木器が出土した大邱市達城遺跡[4]と，車輪および木製中耕用犁が知られる平安北道徽儀里遺跡[5]がある。前者は茶戸里遺跡に続く時期で，後者はさらにそれより遅い原三国期の後半以後の遺跡である可能性が大きい[6]。

　一方，これらの遺跡とは別に，これまでに断片的に出土した漆片を含む木製品資料があるが，大部分は半乾燥状態[7]の遺跡である住居跡や石棺墓・支石墓といった墳墓遺跡から出土したものである。この中で住居遺跡としては，咸鏡北道会寧五洞[8]，平壌市南京[9]，黄海道鳳山郡新興洞[10]，忠清南道扶余郡松菊里[11]，慶尚北道金陵郡松竹里[12]などの遺跡が知られている。各々の遺跡は円形と

長方形系の竪穴住居跡で時期差もあるが，だいたい青銅器時代前葉から中葉以前に属するものと考えられる。これらの住居遺跡から出土した木製遺物としては石斧や石剣の木柄，あるいは木器類があるが，炭化状態で残存しており，もともとの形態をすでに失ってしまったものもある。次に墳墓遺跡では，青銅製武器あるいは儀器類などと共伴した銅鑿・銅斧の木柄片，そして木製あるいは木胎漆器で作られた剣鞘・鏡匣などの残片が発見されているだけでなく，実際の葬送用の木棺(柩)が出土し，当時の木製品の広範な使用例を見せてくれている。関連遺跡としては黄海道瑞興泉谷里[13]，忠清南道牙山の南城里[14]，全羅南道和順の大谷里[15]，咸平草蒲里[16]などの韓国式銅剣[*2]に関連する石棺墓遺跡と，麗川市積良洞[17]と慶南昌原徳川里[18]といった支石墓遺跡などが知られている。この中の大谷里遺跡は，茶戸里遺跡と同じ丸木(一木)造の桶形木棺を使用した遺跡であり，木棺の残片が出土したところである。

以上に見たように，韓半島で出土した木製品関連遺跡は，住居跡・石棺墓・支石墓・木棺墓そして沼沢地・泥炭層を含む滞水状態の遺跡である。しかし調査された遺跡の面積が非常に小さく，数量的にも限られていることがわかる。とくに木製遺物の出土頻度が比較的高い水田地などの低湿地の調査と研究はほとんど行なわれていないのが実情である。この点がこれからの課題である。

2　遺跡出土の木製遺物の種類

（1）　各種斧柄（図1—1～3）

新石器時代以来の基本的な生業道具である磨製石斧の柄とともに青銅斧，そして鉄器流入（紀元前3世紀）以後の遺物である鋳造・鍛造鉄斧および板状鉄斧に結合した木柄がある。斧柄の種類には直柄と曲柄とがあるが，機能的な差があり，前者が切断斧，後者が加工斧すなわち手斧である。直柄石斧は黄海道新興洞遺跡と平安南道龍上里遺跡の出土品があり，すべて炭化状態で着柄部だけ残っていて，有溝石斧など単刃の石斧と結合する曲柄は発見されなかった。青銅斧はソケット状の部分があり，曲柄に装着されるのであるが，咸平草浦里遺跡などの銅斧には木柄片が発見された例がある。図1—1～3は茶戸里遺跡の出土品で，直柄のほか，曲柄の装着方法も見られる資料である。木柄の長さは70～80cm程度で，上半部に黒漆が塗られていて，下半部には木皮が巻かれている。

（2）　木製鍬と木柄付タビ（二股の踏鋤）
　　　（図1—4～6）

鍬は新昌洞遺跡出土品と松竹里遺跡出土品の2例がある。図1—4は新昌洞遺跡の出土品で，直柄平鍬で木材がクヌギである。長さ37.6cm，幅6.5cm，刃部8.4cmの狭鍬で，頭部の厚さは2cmである。着柄孔は長方形で，着柄の角度は45°である。図1—5・6は茶戸里遺跡出土の木柄付タビで，長さが57cmほどの木柄が挿入されたまま出土している。ソケット部分に挿入された先端部は尖るように削られていて，木柄の一部には黒漆が残り，断面は円形に近い。これらの鍬とタビは韓国最初の木製農具の資料である。

（3）　剣柄・剣把および剣鞘（図1—13～15）

有茎石剣の剣柄，銅剣・鉄剣の木製剣把と剣鞘がある。石剣の剣柄は図1—13の松菊里遺跡の出土品が唯一の例であるが，石剣の茎部を挿入して装着されている一段柄式のものである。剣柄の断面はレンズ状で，長さは約8.2cmである。次の銅剣の木製剣把も他に出土例がないが，出土した銅製の剣把や一鋳式の銅剣の形式を見ると，鉄剣の剣把も含めて同一の形態であることがわかる。鉄剣の剣把は新昌洞遺跡（図1—14）と茶戸里遺跡（図1—15）の出土資料がある。杏仁形の横断面で握部の中央に太い節がある形式で，木胎黒漆製である。剣鞘は韓国式銅剣文化の特徴的な要素であり，黒漆塗りの木胎漆器で，平面がレンズ形をした金具と結合するものである。

（4）　弓・弓矢

茶戸里1号墓と11号墓出土の漆弓と弓矢がある。横断面が半円形の木弓で表面に樹皮を巻いたのち黒漆を施した直弓である。1号墓の出土品は長弓の一部と考えられ，弦と結合する両端部の形態は不明である。11号墓の出土品は完形品で，長さ1.7m，両端部は輪にした弦をかけられるように作っている。木胎黒漆製で，樹皮を密にまいている。弓の残片の長さは約15.4cmである。一緒に出土した弓矢は朱漆を塗った後，その上に黒漆を施したものである。新石器時代以来，たくさんの弓鏃の出土が知られていて，鏃の型式によって弓の形態変化も想定されているが，弓そのものの資料が皆無であるのが実情である。

（5）　容器（図2—16～19）

木製容器は茶戸里遺跡から出土した円形と方形

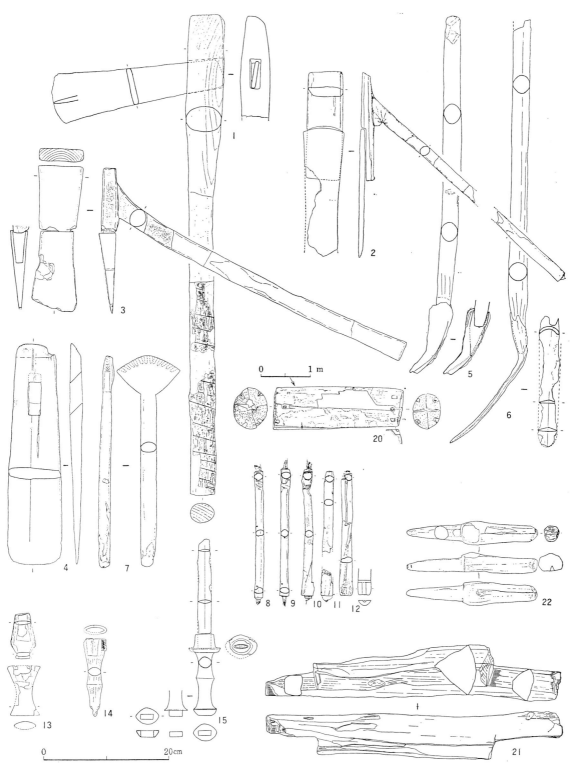

図 1 韓国出土木製品（1） 20 の木棺のみ左右 2.4 m, 7～12, 14, 15 は黒漆塗
茶戸里遺跡（1～3, 5～12, 15, 20），松菊里遺跡（13），新昌洞遺跡（4, 14, 19, 21, 22）

73

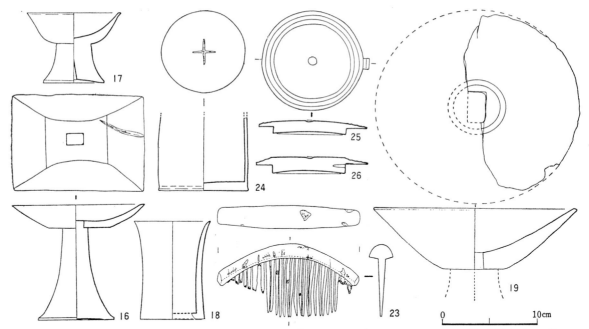

図 2　韓国出土木製品（2）　23 のみ左右 11.9 cm, すべて黒漆塗　茶戸里遺跡（16～18, 24～26）, 新昌洞遺跡（19, 23）

の高杯（図 2―16・17）・漆杯（図 2―18）・有蓋筒形漆器・漆器蓋・木製盒子と, 新昌洞遺跡出土の高杯（図 2―19）がある。この時期の木製容器は, 土器の種類と同じように多種多様に推測されていて, 一木で製作されたものと二木以上を組合せたものとがともに発見されている。この中の円形高杯類はいわゆる挽物で, 中心軸に固定し, 回転を利用して器面調整を行なっているもので, 器面には漆が塗布されている。出土遺物中の木製盒子を除けば, 漆器が大部分を占め, 黒漆を主とするが, 一部朱漆も同様に使用していたことがわかった。とくに図 2―19 の遺物は組合せ式で作られたもので, 漆を接着剤に使用している。

（6）　櫛（図 2―23）

木胎黒漆製で, 一木で作られ, 弧状の背部に直接彫刻を施して作った刻歯式の半月形の梳櫛である。図 2―23 は新昌洞遺跡から出土したもので, 歯は 30 本あって, 長さは 11.9 cm, 歯の長さは 5.1 cm である。楽浪漢墓で出土した漆櫛とは形態の上で差があることがわかった。これ以外に大邱達城土城遺跡から出土した破損品が伝わっている。

（7）　葬送用木棺（図 1―20）

木棺（柩）には板材を組み立てたものと一木造りで桶形のものとがある。図 1―20 は茶戸里 1 号墓出土の桶形木棺で, 直径 65～85 cm, 長さ 240 cm の大きさで, 原木を縦方向に半截したのち, 内部をくり抜いて作っている。木棺の蓋部と身部には両側におのおの長方形の結合孔を開けて, 角材でできた木楔を打ち込んでいた。材質はクヌギで[19], 棺外側の戸口面には切開した時の斧の痕跡が鮮明に残っていた。同一の形式と推定される木棺が和順大谷里遺跡から出土し, 茶戸里 1 号墓と積石木棺墓との関連を示唆している。

（8）　毛筆（図 1―8～12）

木胎黒漆塗りの軸部で, 両端に筆毛が取り付けられたものであり, 中国の秦漢代の墓から出土したものとは形態的に差がある[20]。茶戸里 1 号墓から出土しており, 筆毛の固定用または懸垂用と推定される小孔があいており, 長さは約 23 cm である。軸心は中空ではなく中実で, これを回して削っているので断面が円形になっているが, 両端は円形と楕円形になっているものがある。紀元前後の時期に韓半島で文字が使用されたことを積極的に反映する物質資料である[21]。

（9）　漆扇（図 1―7）

横断面が楕円形である棒状漆柄で, 扇形の頭部に 12 個の孔があって扇枝を挿入できるように作っているが, 扇枝は発見されていない。茶戸里遺跡 1 号墓と 15 号墓から出土しており, 黒色の木胎漆器である。長さは約 23.4 cm である。

（10）　木刻品（図 1―22）

現長 21.2 cm，直径約 4 cm の一木造りのもので，鋭利な刀子などで彫刻して作っている。鳥の口・頭・羽などが表現された，いわゆる鳥頭形木刻品で，底部中央には身部と結合させるための約 0.9 cm の半円状の鉄心のはめ込まれた痕跡があるが，身部は出土していない。新昌洞遺跡から出土したもので，農耕祭儀と関連する遺物である。

(11) その他の遺物

新昌洞遺跡で出土した加工材・板材・分割材（図 1—21）などと，土器の製作などに使用されたものと推定される各種の木製道具があって，これ以外にも新昌洞遺跡出土の筌（うけ），南京遺跡出土の筵（むしろ），茶戸里遺跡出土の竹簋（ばこ）など，比較的多様な遺物がある。

3 結 語

以上を勘案してみる時，木製品の種類は生業や祭祀にまたがる生活領域全般の分野に属することがわかり，また当時の木工技術の文化水準が高かったことを知ることができる。とくに漆器は青銅器時代中期以後の遺跡である韓国式銅剣期の石棺墓，または積石木棺墓から新昌洞遺跡に至るまでの間ずっと黒漆の製作がなされ，遅れて紀元前後頃には茶戸里遺跡でみたような朱漆および透孔技法などが登場し，目を見張るような漆工技術の発展が成し遂げられたことを知ることができる。しかしながら，木製品製作と関連して，これら木製品の伐採や切断といった製材や製品の完成に至るまでの木工技術が反映された，製作過程を窺い知ることのできるような資料はまだない。この点もこれから先の課題であり，韓半島の木工文化の研究はまだ始まりにすぎないと言えるだろう。

一方，これらの遺物と関連する時期の韓半島の植物相は温帯林で，マツやクヌギ属が全国的に分布していたと見られているが，遺跡出土の木製遺物の樹種分析資料もやはりこれと同じ結果となっている。現在までに知られた先史時代の木製品の樹種としては，ノグルミ (*Platycarya strobilacea* S. et Z.)，テリハコナラ (*Quercus serrata* var. *donarium* Kitamura et T. Horikawa)[22]，クヌギ (*Quercus acutissima* Carr.)，アカマツ(陸松；*Pinus densiflora* S. et Z.)，ハンノキ (*Alnus japonica* Steud.)[23] などである。

註
1) 平壌地域の中国系文物である楽浪古墳出土品は本文から除外した。
2) 李健茂ほか「義昌茶戸里遺蹟発掘調査進展報告（Ⅰ・Ⅱ）」考古学誌，1・3，韓国考古美術研究所，1989・1991
3) 趙現鐘・張齊根「光州新昌洞遺蹟」考古学誌，4，韓国考古美術研究所，1992
4) 慶北大学校博物館『原三国時代文物展』1990
5) 金禮煥「平北地方で発見された原始遺蹟」文化遺産，1958—4，科学院出版社
6) しかし以下の論文では，この遺物の時期について青銅器時代末から鉄器時代初めと推定している（李炳善「鴨緑江中上流および松花江流域青銅器時代住民の経済生活」考古民俗，1966—1，社会科学院出版社）。
7) わが国の遺跡の土壌条件は，大部分が半乾燥状態であるということができる。これに比べ，乾燥状態にあるのは比較的良好に保存されていて，中央アジアの砂漠地帯の遺跡である楼蘭遺跡がその良い例である。
8) 考古学および民俗学研究所『会寧五洞原始遺跡発掘報告』科学，百科事典出版社，1960
9) 金用杆ほか『南京遺跡に関する研究』科学，百科事典出版社，1984
10) 徐国泰「新興洞角形土器住居址」考古民俗，1964—3，社会科学院出版社
11) 安承模・趙現鐘・尹光鎮『松菊里Ⅲ』国立中央博物館，1987
12) 曹永鉉「金陵松竹里遺蹟発掘調査」『第17回韓国考古学全国大会発表要旨』1993
13) ビョク・リョンヘン「泉谷里石棺墓」考古民俗，1968—1，社会科学院出版社
14) 韓炳三・李健茂『南城里石棺墓』国立中央博物館，1977
15) 趙由典「全南和順青銅遺物一括出土遺蹟」『尹武炳博士回甲記念論叢』1984
16) 李健茂・徐聲勲『草浦里遺蹟』国立光州博物館，1988
17) 李榮文ほか『麗川積良洞上積支石墓』全南大学校博物館，1993
18) 李相吉「昌原徳川里遺蹟発掘調査報告」『第17回韓国考古学全国大会発表要旨』1993
19) 朴相珍「義昌茶戸里遺蹟出土木材の樹種」『休岩里』国立中央博物館，1990
20) 林巳奈夫『漢代の文物』京都大学人文科学研究所，1976
21) 李健茂「茶戸里出土の筆について」考古学誌，4，韓国考古美術研究所，1992
22) 木方洋二「大谷里遺跡の材について」『新岩里Ⅱ』国立中央博物館，1989
23) 朴相珍「義昌茶戸里遺蹟出土木材の樹種」『休岩里』国立中央博物館，1990

（訳者註）
*1 著者の意向により，原文のまま「韓半島」とした。これは韓国のみを指す用語ではなく，朝鮮半島の北半部も含む用語として著者は使用している。
*2 この用語も著者の意向により，原文のまま「韓国式銅剣」とした。

木工文化と植生

大阪市立大学理学部講師
辻　誠一郎
（つじ・せいいちろう）

縄文中・後期，弥生・古墳，中世，近世の4つの時期に集中的に起こった植生変化と人間による改変によって木工文化も大きな変化をとげた

1　生態系と木材利用

　木工文化は，たとえ木質資源が周辺に存在しなくとも，どこかに森林をもつ植生が存在しなければ育まれない。木工文化が植生と密接な関係をもつ理由はそこにある。だが，植生は，木工のための資源としてだけではなく，食料，燃料，景観など人間の生活にとって多様な利用資源でもあり，哺乳類や昆虫など動物群，あるいは非生物的な環境要素とも相互作用を及ぼしあう相手でもある。だから，植生はそれらの相互の関わり方の変化の中で変化し，育まれうる木工文化にも多大な影響を与えるだろう。

　この視点に立ってみると，植生と木工文化の関わりを考えるには，気候や人間活動などさまざまな要素との関わりをとおして生じる植生変化，人間社会の変化，およびその変化に深く関わる植物資源の利用体系の変化に目を向けなければならない。それは，生物と環境が織りなす生態系という構造の歴史的な変化の中に，木工という資源利用のあり方を位置づけることである。

　水湿地環境あるいは水成層に埋没した環境での遺跡の発掘調査が近年急速に増大するにつれて，木質遺物への関心が高まり，自然の木質遺体や他の植物遺体にも目が向けられるようになった。鈴木三男・能城修一らによる大量の木質遺物・遺体の樹種同定は，木材利用に関する資料を飛躍的に増大させた[1]。たとえ部分的ではあっても，復元植生と木工資源利用との関わりが考えられるようになり，人間の木資源利用の巧みさが浮き彫りにされてきた。

　最近，鈴木三男・能城修一らとの研究が多い山田昌久は「日本列島における木質遺物出土遺跡文献集成—用材から見た人間・植物関係史」という論文を公にした[2]。日本列島内の約3,000の遺跡から出土した木質遺物に関する膨大な資料が集成され，縄文時代から江戸時代にいたる広範囲な木質資源の利用をもたらした文化的・経済的な背景が論じられている。まさに人間と植物を中心に据えた生態系の構造的な変化の一端を掘り起こそうとするもので，木質資源と人間との関わり史を総合的に捉えた集成・論文としては，今のところこれ以上のものは見当たらない。

　そこでわたしは，上述のような捉え方から，限られた紙数ではあるが，山田昌久の論点を紹介しながらもそこで詳しく触れられることのなかった植生と人間の交渉史に焦点を据え，植生と木工文化の関わりについて考えてみよう。

2　交渉史の中の4つの変動期

　縄文時代以降の日本列島には，旧石器時代とはずいぶん様相の違った植生が成立した。照葉樹林やブナ林がその代表とされるが，それだけで覆い尽くされたわけではない。それらは多雨な気候に育まれた植生で，生態学の植生帯という概念にすっかり馴染んでしまった今日，乾燥気候や土壌的に多湿な環境に育まれた植生が広く成立していることを忘れがちである。クリ，コナラ，クヌギといった落葉広葉樹やスギ，ヒノキ，マツ類などの針葉樹からなる森林，あるいはトチノキ，ヤチダモ，ハンノキといった落葉広葉樹からなる谷底・湿地の森林は代表的なものである。これらが照葉樹林やブナ林とともに縄文時代以降の植生をかたちづくり，気候環境や人間活動の変化と深く関わり合いながら，今日までに大きな変化をとげてきた。

　その大きな変化とは，縄文時代中・後期，弥生・古墳時代，中世，近世の4つの時期において集中的に起こった植生変化と人間による改変である。これらの変化において木工文化も大きな変化を遂げたと考えられるのである。わたしはかつて，関東平野における弥生時代以降の人間と植生の交渉史をまとめた際，植生への集中的な人間の干渉が3つの時期，すなわち弥生・古墳時代，中世，近世に集中的に起こったことを示したが[3]，それらは縄文時代中・後期を除く各々に対応す

		1〜5位・多 6〜10位・少	4000年前以前	2500年前以前	4世紀以前	5-7世紀	8-11世紀	12-15世紀	16-17世紀	18世紀以降
針葉樹	二葉松類		56	28	265	138	191	98	124	623
	モミ属		4	65	609	298	458	36	46	84
	スギ		101	160	3977	674	1545	1451	290	351
	コウヤマキ				132	129	111	15	3	1
	ヒノキ属		33		843	848	1408	440	340	147
広葉樹	ブナ属		31	3	2	18	48	33	167	127
	クリ		1074	1163	578	453	1945	217	156	292
	クヌギ節		127	60	1867	625	1276	18	7	11
	コナラ節		69	286	807	110	2291	38	178	80
	アカガシ亜属		194	21	2732	518	315	104	21	37
	ケヤキ		50	67	481	100	351	56	90	39
	ヤマグワ		77	147	328	72	51	9	12	2
	クスノキ		1	17	337	36	32	4	22	3
	サクラ属		18	52	164	118	211	11	26	39
	トチノキ		26	46	36	6	31	21	87	83

工具変化
 石製斧
 石製刃器
 鉄製斧
 鉄製刃器
 やりがんな
 台かんな
 鋸（加工用）
 鋸（製材用）

容器製作法
 割り物
 挽き物ケヤキ
 挽き物ブナ
 曲げ物
 桶・樽物

木材利用方式
 ☆適材識別　　　　☆針葉樹・広葉樹利用（植生対応）　　☆針葉樹の組織的利用（広域対応）
 ☆丸木材使用　　　☆割り板材使用　　　　　　　　　　　☆山地材生産

木材入手経路
 ○集落構成員の入手　（集落内生産品の減少）入手経路分散　○専門職人の必要材別入手
 ○近隣材中心　　　　○地域材利用………………………………○遠距離材利用増加…○植林（生産）

集団変化　生産法変化
 ◇集落内完結利用　　◇地域集団間利用　　◇都域の出現　◇地域社会発達　◇都市居住者増加
 ◇全製品の生産………………………………◇木器生産の分担（専業化）………◇建築材を主とした流通

図 1　日本列島における木材利用体系の歴史的変化（註 2）を一部省略・改変）

る。

　図1は山田昌久が集約した，日本列島における木材利用方式の変化を示したものである。数字は件数であるが，主要樹種の利用件数の変化をおよそ見て取れる。山田はこの集約と樹種の用途，生産と流通経済の変化を総合しながら，木材利用体系の大きな変動期を4世紀以前，12〜15世紀と見て取った。山田の4世紀以前はおよそ縄文晩期から古墳時代，12〜15世紀はおよそ中世と取れる。前者では，適材識別・丸太材使用から針葉樹と広葉樹使用および割り板材使用へ，また木材入手法は近隣材から比較的範囲の広い地域材利用へと変化する。後者では，針葉樹材の組織的利用・山地材の生産へ，すなわち遠距離材利用増加へと変化する。

　先にわたしが設定した時期を，山田の論説とも関連づけながら考えてみよう。

　縄文時代中・後期の変動期は，山田の集成では取り上げられていないが，平野部を中心に成立した森林植生をめぐる重要な時期である。水田農耕地帯という開かれた景観に馴染んでしまったわれわれには想像しにくいかも知れないが，当時，低地縁辺や開析谷ではハンノキ・ヤチダモ・トチノキなどからなる落葉広葉樹林が広く成立していた[4]。人間は低地縁辺での活発な活動を始め，それら森林資源を食料・木工として利用した。埼玉県川口市赤山陣屋跡遺跡では，縄文後・晩期の多量の木工品からなるトチノキ加工場などの遺構が検出され，台地から斜面のクリやナラ類とともに谷底の樹木がその構造材として多量に利用された[5]。木工とともに食料資源として植物利用体系に組み込まれていたものとみられる。西日本での発掘調査例はきわめて少ないが，当時の平野部全面を覆い尽くすような埋没林が各地で見出されており，いずれその利用体系が明らかになるだろう。この変動期で特筆すべきことは，海進後の全般的な気候の寒冷・湿潤化によって，スギ・コウヤマキ・ヒノキ属などの針葉樹林の拡大が急速に進行していたことである。

　弥生・古墳時代の変動期は，稲作農耕の伝播と波及による変化に象徴される。平野部の景観は大きく改変され，森林は伐採とともに農耕地化される。農耕施設や農耕具，建築材として多種類の樹種が使用され，割り材としての利用が著しい。山田が指摘するように，この時期から針葉樹の利用が目立つようになる。それは，農耕への多量の針葉樹の需要の背景に，すでに述べたスギなど針葉樹林の拡大が進行していたことを見逃すことはできない。また，図1に示されるように，鉄製の加工具の生産によって針葉樹加工を容易にしたことも見逃せない。若狭湾沿岸では，鉄斧で伐採され

た縄文中・後期のスギ埋没林が平野部全面に認められ，各地でスギ農耕具や農耕施設が検出されている[6]。静岡県登呂遺跡や山木遺跡もよい事例である。針葉樹であるコウヤマキが棺の材料として多量に利用される。図1からそれら針葉樹利用への顕著な傾向が読み取れる。このように，弥生・古墳時代では，農業一次生産と深く関わって木工文化が発展を遂げるのである。

古墳時代には鉄刃をもつ鋤・鍬の普及によって丘陵・台地が開発され，大量の窯業生産によって多量の燃料資源が消費された。このような新たな生産活動の活発化によって，平野部を中心とする資源は貧弱となり，西日本でのアカマツだけでなく，照葉樹林やナラ林要素からなる二次林にも大きく依存した木材利用体系が成立していったであろう。山田がいうように，居住・生産とともに木材利用体系が地域的に拡大していったことは当然の帰結である。

植生変化には顕著に現われてはいないが，仏教伝播・波及と都城建設の木工文化に占める位置は大きい。建築材としてのスギ・ヒノキ，仏像材としてのヒノキといったスギ・ヒノキへの傾倒は著しいものがあり，この頃すでに，全国的でないにしても，都城を中心とする遠距離材利用中心の木材利用体系が成立していったものと考えることができる。

中世は，各地での都市の成立とそれを支える生産活動が植生変化に現われる時期である。わたしは，関東平野でソバやゴマなど畑作物が揃って出始めたり，ようやくマツ林が拡大を始めることから，畑作農耕の集約化と山地縁辺での森林開発であろうとみたが，山田のいう遠距離材利用増加と互いに密接な関係をもつものであろう。山田は集成（図1）から，12～15世紀を境にスギ属・ヒノキ属の集計数が各地で増加した理由は，地域植生を利用しての針葉樹活用という人間・植物関係が，スギ属・ヒノキ属を流通させて広域で活用するものへと変化したためであるとする。卓見である。都城から各地の都市を中心とする地域社会の発達へという変化は，都市周辺での木材資源枯渇を補う山間部の針葉樹の搬出・流通に拍車をかけたに違いない。山田もいうように，真っ直ぐなスギ・ヒノキは大量の搬出に都合がよかったこと，そして，製材用の鋸が出回ることも無視できないのである。

近世，すなわち江戸時代は，何といっても植林と雑木林の維持に象徴される。大都市江戸・大坂や各地の都市の拡大・維持に，スギ・ヒノキ・マツ材といった針葉樹材の生産と流通が果たした役割は大きい。スギ・ヒノキといった針葉樹は遠距離材としてさらに利用度が高くなった。近世に入って各地で急激な増加を遂げるマツ属は，その大半がアカマツの植林および二次林によるものである。17世紀の後半になると植林事業は本格化し，薪炭としての燃料や建築など多面的利用がはかられた雑木林や屋敷林の整備が広がった。近世以降の二葉松類の顕在化にその傾向ははっきり現われている（図1）。中世の終わりから近世にかけて，たとえば箱根山麓で木工細工が隆盛するように，都市内や山間において木工細工が栄える。こうした職人をとおしての木工の分業は，必要材の流通を一方ではもたらした。

このように近世においては，遠距離材と，植林によって生産される近距離材の流通機構の確立によって，木工文化はいっそう多様化した。これに至るまでには，縄文時代以降の植生変化，とりわけ弥生時代以降では植生と人間の交渉によって引き起こされてきた植生変化が深く関わってきたことも，以上にみてきたとおりである。

註
1) 鈴木三男・能城修一・原　弥生「樹木」『寿能泥炭層遺跡発掘調査報告書　自然遺物編』1982
　　鈴木三男・能城修一・原　弥生「加工木の樹種」『寿能泥炭層遺跡発掘調査報告書　人工遺物・総括編』1984
2) 山田昌久「日本列島における木質遺物出土遺跡文献集成―用材から見た人間・植物関係史」植生史研究，特別第1号，1993
3) 辻　誠一郎「最終間氷期以降の植生史と変化様式―将来予測に向けて」『百年・千年・万年後の日本の自然と人類―第四紀研究にもとづく将来予測』1987
4) 辻　誠一郎「沖積平野における木本泥炭の性質と堆積環境」植生史研究，9，1992
5) 能城修一・鈴木三男「川口市赤山陣屋跡遺跡から出土した木材遺体群集」『赤山＊古環境編』1987
　　能城修一・鈴木三男「川口市赤山陣屋跡遺跡出土加工木の樹種」『赤山＊本文編』1987
6) 辻　誠一郎・植田弥生「江端遺跡周辺の埋没林と古地理の復元」『江端遺跡』1991

年輪年代法

■ 光谷 拓実
奈良国立文化財研究所

考古学の調査，研究においては，まず遺物，遺構，遺跡の年代を明らかにすることからはじまる。その年代を明らかにする方法に樹木の年輪を使った年輪年代法（デンドロクロノロジー）がある。これは，樹木の年輪が，気温，降水量，日照時間などの気象条件に左右されながら，前年に形成された年輪の外周に沿って，毎年１層形成される年輪の変動変化に着目したもので，同年代に同じような気象のもとで生育した樹木の年輪は，樹種ごとに固有の共通した年輪パターンが見られる。このことを利用すれば，同一樹種について現在から過去に遡って，長期の暦年の確定した標準パターン（略して暦年標準パターン，あるいはマスタークロノロジー）が作成できる。現在のところ，この方面の研究に適用できる樹種として，ヒノキ，サワラ，アスナロ，ヒノキアスナロ（通称ヒバという），クロベ，ツガ，スギ，コウヤマキ，カラマツ，エゾマツ，トドマツの針葉樹11種類，ミズナラ，ブナの広葉樹２種類が確認されている。なかでも，ヒノキ，スギ，コウヤマキが主要樹種である。

目下のところ，年代を割り出す基準の暦年標準パターンの作成作業を上記３樹種について進めてきており，ヒノキでは現在から前734年まで，スギが現在から前651年まで，コウヤマキが22年〜741年までのものができている。したがって，年代を確定したいと思う出土木材があれば，まず材種を明らかにし，上記３樹種のいずれかに該当すれば，年輪幅を計測し，出土木材の年輪パターン（試料パターン）を作成する。つぎに，この試料パターンと該当樹種の暦年標準パターンとを比較照合し，双方の年輪パターンが合致する部分をもとめれば，試料パターン，すなわち出土木材の年輪年代が１年単位で確定できる。

近年，低湿地を発掘する事例が増えてくるにつれて，各地の発掘現場の担当者から出土木材について，年輪年代法が適用できるかどうかの問い合わせが多くなった。

年輪年代法は，すべての出土木材がその対象とはならないのである。年代測定が可能な試料は，以下のような条件を満たしていなければならない。

（１） 長期の暦年標準パターンが作成されている樹種に限られるので，ヒノキ，スギ，コウヤマキの３種類が適用可能である。したがって，出土木材については，まず材種の同定が必要である。

（２） 上記の樹種に該当すれば，つぎに試料のなかに100層以上の年輪が刻まれているかどうかを確認しなければならない。このとき，試料に樹心（髄）の無いものの方がよい。それは樹幹の中心部に近い年輪，約100層分は，その樹木が若齢のころに形成された年輪であるから，それ以後の老齢になって形成された外周部の年輪にくらべて，樹木の個体的な特徴があらわれやすい。つまり，若齢期に形成された年輪は気象を反映したものとなっていないのである。したがって，樹心の有る木材であれば直径が約 30 cm 以上の丸太材，無いものであればおよそ 15〜20 cm 以上の柾目板材などが適用可能である。

（３） 上記（１），（２）の条件をクリアした試料でも，年輪が均一に刻まれておらず，不規則なパターンで推移しているようなものは，年輪パターンの照合が成立しにくい。さらに，極端に狭い年輪幅（大体0.02 mm 前後）で推移しているような年輪パターンも同じである。

以上，大きく３つの条件を満たした試料であれば，ようやく年輪幅の計測作業に入ることになる。

年輪幅の計測は，専用の読みとり器（双眼実体顕微鏡付き，0.01mm まで計測可能）や目盛付きルーペを使って，試料の木口面や柾目面でおこなう。出土木材が大きすぎて，研究室内で計測できない場合は，生長錐を使って直径 5 mm の棒状標本を採取し，これを木製標本台に固定してから，標本の上面（木口）をカミソリ刃で調整し，年輪読みとり器で計測する。さらに，生長錐が使えないような形状のものについては，計測箇所の木口面に胡粉を塗布して，年輪境界を際立たせてから，モノクロ写真を撮り，このモノクロプリントから年輪データを収集することもできる。

こうして計測，収集した年輪データはコンピュータに入力し，暦年標準パターンの照合や年輪パターングラフの作成に備える。コンピュータによる年輪パターンの照合は，時系列解析に用いられる相関分析手法によっている。詳しくは『年輪に歴史を読む―日本における古年輪学の成立―』（同朋舎，1990年）を参照されたい。コンピュータで検出した照合成立位置が正しいかどうか，それを直ちに認めることはできない。そこで，双方の年輪パターンが正しく重複しているかどうかのチェックは，目視によっている。そのため，視覚的に確認できるようにするため，年輪パターンをグラフ化する。この表現方法には，片対数グラフを用いている。これは，均等目盛になった横軸に 5mm 間隔で年代をとり，対数目盛になった縦軸に年輪幅をプロットして，この点を１本の線でつないでいくと作成できる。つまり，前年の年輪幅より生長が良ければ右上りの線となり，逆に悪ければ右下

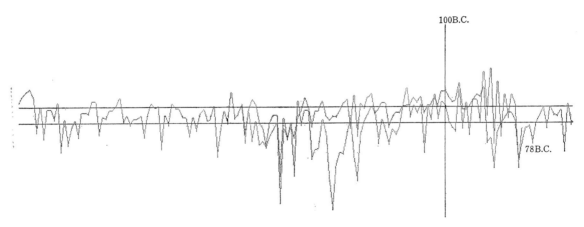

図1 スギの暦年標準パターングラフ（上）と矢板の年輪パターングラフ（下）

図2 京都府蔵ケ崎遺跡出土の弥生中期の矢板列

りの線となる。年輪パターングラフの作成もコンピュータでおこなっている。なお，この用紙にはライトボックス上で重ねあわせて比較検討する際の便を考えて，トレース紙を使用している。

こうして，コンピュータで検出した照合位置で双方の年輪パターンが一致していることが明らかになると，暦年標準パターンの暦年を試料材の年輪パターンにそのまあてることができる。すなわち，試料材に刻まれていた年輪に暦年が確定したことになる。

年輪年代法によって得られた年代値（残存最外年輪測定年代，略して年輪年代）を測定依頼者に回答すると，年輪年代は即試料材の伐採年であると解釈している場合が多い。ところが，試料材の形状によっては，必ずしも伐採年を示すとは限らない。

樹木の横断面をみると，中心部に髄があって，それから外方向に心材部，辺材部，形成層，樹皮と続く。この樹木の構造と年輪年代法で扱う試料の形状との関係は，次の3通りになる。

Aタイプ——樹皮または最終形成年輪の一部が残存しているもの。
Bタイプ——試料の一部に辺材部をとどめているもの。
Cタイプ——辺材部をすべて消失し，心材部のみからなるもの。

Aタイプの年輪年代は，原木の伐採年を示す場合が多いので，問題はない。Bタイプの試料では，その年輪年代は原木の伐採年に比較的近いとみてよい。ところが，遺跡出土木材では，AタイプやBタイプのものが少ない。圧倒的に多いのが，辺材部をまったく残さず，心材部のみからなるCタイプのものである。したがって，このタイプの年輪年代は，原木の伐採年よりかなり古い年代を示しているので，その解釈にあたっては注意を要する。この他に，古材を再利用した場合にも，実際の年代より古い年代を示すので，試料材が再転用されたものかどうかの確認が重要である。

以上，年輪年代法が適用できる試料についての条件，年輪年代を確定するまでの方法や年輪年代の解釈などについて，その概略を紹介した。少しは，年輪年代法に対して理解を深めていただけたことと思う。

ヒノキとスギの暦年標準パターンの先端はすでに縄文晩期に到達している。弥生時代や古墳時代の暦年については，諸説があって定まっていない。この問題解決に向けて，年輪年代法の果たす役割は大きい。

写真は，京都府加悦町蔵ケ崎遺跡の調査で出土した弥生時代Ⅲ～Ⅳ期の矢板列である。この中にAタイプのものがあり，78 B.C. に伐採したものであることが判明した。このように，弥生時代の出土木材に対し，その年輪年代が各地で確定しつつある。

多量の木製品が発見された
福岡市雀居遺跡

福岡市雀居（ささい）遺跡の調査では縄文時代晩期終末（弥生時代早期）から弥生時代後期終末にかけての多量の木製品と弥生時代後期の大型掘立柱建物の出土が注目される。木製農具は夜臼単純期ですでに完成されており，各種の農具が完形で出土している。2棟の大型掘立柱建物は環濠内側に配列され，それぞれタイプが異なる。特別な建物であろう。環濠内からは大小の机，銅鏡，銅鏃，木甲，盾などが出土している。

　　　構　成／松村道博・下村　智
　　　写真提供／福岡市教育委員会

第4次調査区全景（北から）

大型掘立柱建物（SB-050）

環濠出土組合式案（机）

平鍬（夜臼単純期）（SD-003）

石斧（夜臼単純期）（SD-003）

第5次調査北半部全景

大型掘立柱建物（SB-222）

環濠出土木製短甲

環濠北側遺物出土状況

木製短甲は後胴部の右側部分で，長さ33cm，幅15cm，厚さ0.5〜1.5cmを測る。側面には前胴と結びつける紐通し孔が約20個，下半にも二列一組の孔列が二列あり，紐を通していたと考えられ，その部分には顔料が塗布されていない。材は柿を用い，表面には柿渋？を塗布する。上半の文様は繊細で，同心円状に割りつけを行ない，細かい連続三角文，弧帯文を刻む。弥生時代後期。

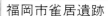
福岡市雀居遺跡

加工のある柱と礎板（SB-223）

弥生中期の木製品が出土
宮城県
中在家南遺跡

仙台平野の中央に位置する中在家南遺跡は，自然堤防と河川跡にわたって立地する。自然堤防上では弥生時代中期の集落に係わる遺物包含層と墓跡が地域を隔てて展開する。河川跡からは弥生時代中期以降の木製品をはじめ，多くの遺物が出土し，東北地方の弥生文化の実相の究明や，農耕具の変遷・系譜を考える手がかりがえられた。

構　成／工藤哲司
写真提供／仙台市教育委員会

遺跡の全景とⅧ・Ⅸ調査区（西より望む。弥生時代は手前が集落で，奥が墓地）

弥生時代中期の堆積層からの
遺物出土状況（Ⅷ区河川跡）

宮城県中在家南遺跡

弥生時代中期の木製品出土状況（IX区。臼・杵・斧直柄などが見られる）

鋤出土状況（IX区、弥生時代中期。左手前は泥除け、右奥は鍬）

鍬出土状況（VIII区、弥生時代中期）

板扉出土状況（VI区、弥生時代中期。未製品）

墓跡調査状況（IV区、弥生時代中期）

●最近の発掘から

弥生の木製品の宝庫 ―――――福岡市雀居遺跡

松村道博・下村　智　福岡市教育委員会

　調査地点は，福岡空港西側の旧米軍キャンプ跡地にあり，御笠川の右岸に位置する標高6.5mほどの沖積微高地に立地する。

　南方1.8kmには初期水田農耕で有名な板付遺跡があり，東方1.2kmには横帯文銅鐸鋳型が出土した赤穂ノ浦遺跡や梁行5間（8.50～8.74m），桁行8間（14.10m）の大型建物が確認された久保園遺跡などがある。西方2.0kmには縄文時代晩期終末（弥生時代早期）から弥生時代後期の拠点的な集落が展開する那珂・比恵遺跡群がある。東南3.0kmには甕棺墓地の金隈遺跡などが分布する。

　調査は，空港西側整備事業に伴う事前調査として実施したものである。1992（平成4）年10月19日から1993（平成5）年3月31日にかけて約2,500m²（第4次調査），1993年6月15日から1994（平成6）年1月31日にかけて3,340m²（第5次調査）を調査した。第1次調査から第3次調査は全く別地点である。

　調査の結果，地表面から2m前後下がった標高4.5m前後の沖積微高地から遺構，遺物群が検出された。縄文時代晩期終末（弥生時代早期）から古墳時代初頭までの時期幅があり，溝，環濠，土坑，貯蔵穴，杭列，しがらみ，甕棺墓，竪穴住居址，掘立柱建物などの遺構と各時期の土器，石器，金属器，木製品などの遺物が多量に出土した。木製品には農具，工具，生活用具，機織具，武具，祭祀具，儀杖具，建築部材などがある。木製品は厚く堆積した粘質土に埋没していたため保存良好なものが多い。

1　1992年度の調査（第4次調査）

　縄文時代晩期終末（弥生時代早期）から弥生時代後期終末までの遺構，遺物が出土している。

　縄文時代晩期終末（弥生時代早期）のものは，夜臼式土器を単純に出土する大溝（SD-003）が中心で，最大幅5.5m，深さ0.6mを測り，南東から北西方向に延びさらに折れて西側に流れている。断面は皿状に窪み，カーブする部分は外側が深く内側が浅くなっている。堆積土は黒茶褐色の腐植土で，溝底は砂層になっている。溝の形態から自然流路と考えられる。

　溝内からは，刻目突帯文の深鉢形土器，黒色磨研の浅鉢形土器・壺，波状口縁を持つ皿形土器，色鮮かな丹塗磨研の壺・鉢・椀などが出土している。石器は，いわゆる大陸系磨製石器と呼ばれる柱状片刃石斧，扁平片刃石斧，太型蛤刃石斧，磨製石鏃などがあり，縄文的な石器としては両刃の磨製石斧，扁平打製石斧，打製石鏃などがある。土製品の紡錘車も出土している。

　木製品には，諸手鍬，柄の付いた平鍬，鋤，完形のエブリ，鍬の停泥に似た加工板材，磨製石斧が装着された斧柄，竪杵，鉢，赤漆塗容器把手，把手付槽，漆塗弓，丸木弓，赤漆を塗った竪櫛状の木製品などがある。諸手鍬やエブリは未成品や半成品が数点出土している。農具は形態分化が進み，すでに完成の域に達している。

　弥生時代前期から中期初頭にかけては，各種の土器（壺と高坏には彩文を施す），大陸系磨製石器とともに，平鍬，又鍬，鋤，横槌，竪杵，脚の付いた案，つちのこ，杓子，櫂状木製品などが出土している。また，赤漆を塗った弓，黒漆に桜の皮を巻いた弓，赤漆を塗った杏仁形の銅剣把頭部の飾板も出土している。

　弥生時代後期の遺物は，主に環濠（SD-002）から出土したものである。各種の土器，銅鏃，小銅鐸の中子，木製品などがある。木製品は質・量ともに豊富で，平鍬，又鍬，鋤，エブリ，横槌，斧の柄，木甲，木鏃，組合式案（机），刳抜式案，刳物の鉢，高坏，容器の蓋，竪杵，把手付槽，鉢，杓文字形木製品，つちのこ，紡錘車，網代編みの籠，建築部材などである。農具には完形品があり，組合式案は全部材が出土している。刳抜式案の内面には赤色顔料が塗布される。容器蓋は黒漆塗りで，上面に赤漆で圏線を入れたものである。木甲には複線三角文が施される。

　環濠内側および周辺には26棟の掘立柱建物が検出された。梁行，桁行がそれぞれ1間×1間，1間×2間，1間×3間，2間×3間などのものがある。環濠内側には大型の掘立柱建物（SB-050）が位置し，梁行7m，桁行9mで，柱穴の掘方は1.4m前後である。柱穴のいくつかは段掘りで，長さ80cm，幅50cm，厚さ7cmの礎板を敷く。柱は径30cm前後である。

2　1993年度の調査（第5次調査）

　第4次調査で予想外にも縄文時代晩期（弥生時代早期）から弥生時代後期に至る多量の木製品，大型建物を初めとする各種の遺構，遺物が発見されその重要性が再認識

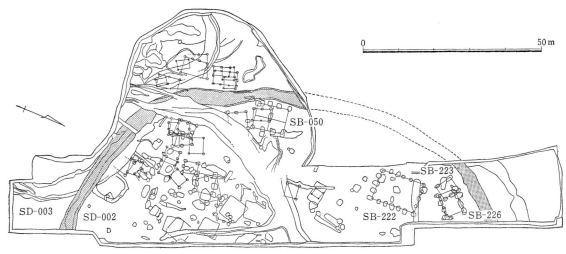

雀居遺跡第 4・5 次調査全体図

された。今回の調査は第4次調査に引き続きその東側の調査を実施した。その主要な目的は縄文時代晩期（弥生時代早期）溝の確認，弥生時代後期溝および大型建物の時期の確定，性格および全体像の把握であった。

縄文時代晩期（弥生時代早期）から弥生時代前期の遺構は第4次調査で確認された溝（SD-003）の続きと径 4〜5m を測る不整形の土坑，貯蔵穴，溝状遺構などであるが住居跡の検出までには至らなかった。SD-003 は第4次調査区では弥生後期の溝（SD-002）とほぼ重なりあいながら東へ延びていたが，第5次調査区になると方向を大きく変え南へ屈曲し台地に沿って蛇行している自然流路の状況を示す。規模は幅6〜7m，深さ0.5〜0.7m で断面皿状を呈する。底面は部分的に深くなり，そこに木製品や土器などの遺物が多く出土した。木製品には諸手鍬の未成品，建築材，丸木を刳り抜いた容器や漆塗りの椀，石斧柄の製品，未成品などがある。他に注目すべきものとして機織具があげられる。幅 5.8cm，長さ 54.2cm，厚さ 1.8cm の両側を薄くした板状を示し両端に約 5cm の把部を持つ。他の遺構として廃棄用の土坑や集落に伴う溝などがあり，土器とともに猪の頭骨を始めとして多くの獣骨が出土している。

弥生時代後期後半になると環濠が巡らされ大型掘立柱建物が現われる。環濠は南北 115m，東西約 40m の規模を確認でき，全体の規模は東西に長い約 200m×130m の楕円形を呈するものと考えられる。今回の調査はその西端部分にあたり，全体の 6分の1 程度の調査であろう。環濠は幅 4〜5m，深さ 1m 前後を測り，断面「U」字状を呈する。これは環濠の掘り込まれている軟弱な基盤層によるものであろう。環濠からの遺物の出土状況は地点により大きく異なり，土器や木製品が多かったり，遺物を含まなかったりと環濠集落の場所によりその機能の変化を窺うことができる。類例の少ない木製短甲，盾，組合式机はこの環濠の南端で出土した。盾は小断片で幅約 4cm，長さ約 11cm を測る。表面には黒漆を，裏面には赤色顔料を塗布している。また 1.5cm 間隔に小孔を穿ち一部に紐を通している。

大型掘立柱建物は第4次調査で1棟，今回の調査で1棟（SB-222），それと同じ柱穴の掘方を持つ倉庫と考えられる建物が3棟（SB-223，226）検出された。SB-222 は北環濠の内側 20m ほどの位置にあり，梁行4間（8.6m），桁行6間（12.3m）を測る規模である。中央部には棟持ち柱と考えられる大型ピットが見られる。柱穴の掘方は大きく二段に掘り込まれ床には1枚から3枚の礎板を敷いている。柱穴は長辺約 1.8m，短辺 1.15m を測り，礎板も大きく長辺 95cm，短辺 75cm で厚いものでは 20cm を超えるものもある。これらの礎板は他の加工痕がなく建築材の転用ではなく当初から礎板として造られたものであろう。南西隅の柱穴からは柱が礎板の上に据えられている状態で発見された。柱の心材の部分だけの遺存で径 20cm ほどであるが，他の柱穴の土層断面や柱痕から 30〜40cm くらいの柱を使用していたと推定できる。SB-223 は SB-226 と重複して北環濠の縁に検出した梁行1間（4.3m），桁行2間（4.80m）の建物で礎板には柱が納まる程度の板材を用いている。SB-226 は布掘り風の柱穴の掘方で梁行1間（4.68m），桁行3間（6.92m）の建物で礎板には丸木を用いている。これには二種類ありその一種は径約 15cm 前後の丸木材を用い，柱の下面を凹状に加工したものである。

以上，調査の概要を述べたが，やっと調査が終了したところであり，今後遺物の整理を進め，木製短甲，盾を始めとする遺物や遺跡の性格について検討していきたい。

●最近の発掘から

弥生中期～古墳期の木製品――宮城県中在家南遺跡

工藤哲司　仙台市教育委員会

青森県垂柳遺跡において1981年に弥生時代水田が検出されて以来，東北地方で弥生時代に水田稲作が行なわれていたことは確実なものとなった。さらに青森県砂沢遺跡では畿内第Ⅰ様式中段階と平行する砂沢式期の水田跡も検出され，東北地方への弥生文化の波及が想像以上に早いことが明らかになった。

宮城県でも仙台市富沢遺跡で弥生時代中期の広範な水田跡とそれ以降古墳時代・平安時代・中近世と続く水田跡が検出され，弥生中期には水田稲作がかなり普及していたことがわかってきた。しかし，東北地方の弥生文化については，発見される遺物が土器や石器に偏ることから，その内容は西日本と比べ不明な点が多く，また水田の変化以外には，農耕技術の変遷を知る資料も限定されていた。ところが，昭和63年（1988年）以来行なわれてきた中在家南遺跡の調査において，多量の木製品などが発見され，その空白を埋める可能性がでてきた。

1 遺跡の位置と調査概要

仙台市の東部は標高約 20m を境に，これより低位の地域は「宮城野海岸平野」と呼ばれる幅約 10km・長さ約 40km にわたる臨海性の沖積平野が広がる。中在家南遺跡はこの平野のほぼ中央に位置し，標高 5m 前後の自然堤防とその南側に沿った河川跡に立地する。南北周辺には後背湿地が広がる。自然堤防は幅 20～40m で畑地となっており，東西に 350m の範囲が遺跡として確認されている。河川跡は現在水田となっており，その河道は中在家南遺跡の北東 500m 付近に所在する押口遺跡に続くことが確認されている。

遺跡は昭和63年に土地区画整理事業に伴う分布調査と試掘調査によって発見され，以来本年度に調査したⅧ・Ⅸ区を含め4ヵ年で自然堤防部5地区，河川跡4地区の計9地区（調査区配置図参照）で調査を行なった。

2 自然堤防上の調査

自然堤防で検出される遺構は，中央部・東部・西部で異なり，それぞれ地域的特徴が認められる。

中央部　Ⅰ区・Ⅲ区では，それぞれ1軒ずつ古墳時代と考えられる竪穴住居跡が検出されており，この地区に古墳時代には集落が形成されていたと考えられる。住居の保存状況は悪く，柱穴と周溝ないし掘り方が検出されただけである。時期は古墳時代中期頃と考えられる。同期の土器を出土する土坑も数基検出されている。Ⅴ区は弥生土器をやや多く出土しているが，とくに遺構はない。

東部　Ⅳ区は遺跡の東部に位置し，ここからは東西約 10m・南北 7m の範囲から弥生時代中期の土壙墓4基と土器棺墓1基が検出され，同期の墓域にあたると考えられる。4基の土壙墓の平面形は楕円形ないし隅丸長方形を呈し，長軸は北西から南東方向を向いて規則的に並んでいる。墓壙の大きさは長軸 230cm・短軸 75cm ほどである。1基から碧玉製管玉12点・扁平片刃石斧1点・ノミ形石斧1点・石鏃3点の副葬品と考えられる遺物が出土している。土器棺墓は土壙墓に挟まれた位置で検出された。棺本体は器高 44cm の細口壺で，甕による蓋をして長軸 65cm・短軸 40cm の不整形の土坑に埋納している。

西部　Ⅶ区は顕在的な自然堤防の西端付近に位置し，ⅦA区とⅦB区に分けて調査を行なった。ⅦA区の北端を除く地域と，ⅦB区の東半部で弥生時代中期の遺物包含層が検出され，さらにⅦA区ではこの包含層を切る古墳時代前期の方形周溝墓が検出された。遺物包含層の層厚は 10cm 前後あり，南寄りの河川側ほど厚く堆積している。層中からは多量の弥生土器とともに製品・未製品の石庖丁をはじめ，石鏃・石錐などの石器も多数出土している。方形周溝墓は東半分が調査区外となっているが，一辺が約 13m の規模で，溝の幅は 1.5～3m・深さ 20cm ほどである。埋葬施設は残存していない。周溝から土師器広口壺が1点出土している。

3 河川跡の調査

規模と堆積土層　河川跡は水流が豊富で砂やシルトが堆積していた時期と，その後何らかの事情により水が停滞し，黒色粘土や泥炭が堆積し現在にいたるまでの時期の前後2段階がある。後段階での河川幅は 20～30m，深さは 2.5～3m である。後段階の堆積土は調査区によって多少の相違はあるが，15層に大別され各層の時期は次の通りである。1層は現在の水田作土，2層は近世水田作土，3層は中世水田作土，4層は灰白色火山灰（10世紀前半降下），5～8層は平安時代，9層は古墳時代後期から中期，10～11層は古墳時代中期，12～13層は古

87

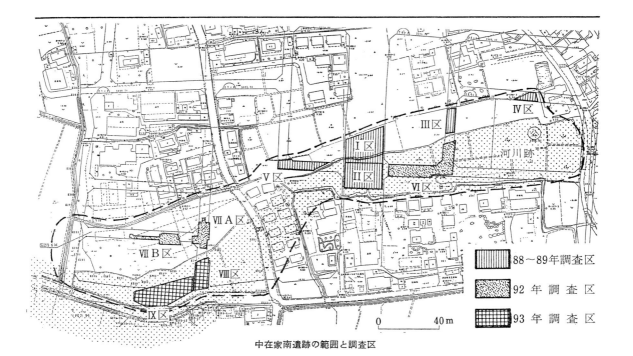

中在家南遺跡の範囲と調査区

墳時代前期，14〜15層は弥生時代中期に相当する。なお前段階の河川堆積土（16層）からは弥生時代前期の土器が出土している。河川底面は砂礫層である。

遺物の出土状況 河川跡からの遺物出土状況は自然堤防上の遺構の地域的特徴と対応してII・VI区とVIII・IX区とは様相が異なる。遺跡中央に当たるII・VI区では，弥生時代中期・古墳時代前期・古墳時代中期の木製品が同じ程度に多く出土しているが，弥生土器や石器の出土は少ない。古墳時代中期になると土器の出土も増え，河岸部では土器と石製模造品による祭祀も行なわれている。また8〜3層からも古代・中近世の遺物が出土している。VIII・IX区では弥生時代中期の15層から多量の土器・石器・木製品・骨角器が出土しているほか，土中からは多量の炭片や灰とともに破砕された骨片・貝殻・植物遺体も多く出土している。しかし古墳時代前期の12層になると少数の木製品だけの出土となり，さらに古墳時代中期の10層より上層からは遺物がほとんど出土しなくなる。

4 河川跡の出土遺物

前述のように河川跡からは各時代の遺物が出土しているが，本文では弥生時代中期と古墳時代前期・中期の遺物について紹介する。

弥生時代中期 木製品には広鍬・狭鍬・鋤・泥除け・斧直柄・斧膝柄・臼・竪杵・弓・容器類・板扉や梯子などの建築材がある。この中には製作各段の未製品も多数存在する。広鍬と狭鍬は数器種あり，とくに頭部と肩部に突起を持つ広鍬は本遺跡独特の製品である。土器は甕・壺・鉢・台付鉢・高杯・蓋・コップ形など各種あり，赤色顔料により彩色されるものも多い。石器には太型蛤刃石斧・扁平片刃石斧・鑿形石斧・環状石斧・石庖丁・石鏃・石錐・磨石・敲石・碧玉製管玉などがある。骨角器には漁猟刺突具・刺突具・針状骨角器・弭状鹿角製品・装飾品がある。動植物遺存体には現在判明しているもので鹿・猪・狸・鯨・雉・ガンカモ類・スズキ・カキ・シジミ，クリ・クルミ・ドングリ・トチ・ヒシなどがある。

古墳時代前期 広鍬・小型鍬・膝柄股鍬・横鍬・掘り棒・鍬膝柄・鎌柄・櫂・弓・矢柄・竪杵・横槌・容器などの木製品の他，土師器・土玉・袋状鉄斧などがある。

古墳時代中期 膝柄鍬・膝柄股鍬・ナスビ形農耕具・横鍬・鋤・掘り棒・横槌・鎌柄・手斧柄・火鑽臼・弓・矢柄・竪櫛・梯子などの木製品の他，土師器・須恵器・石製紡錘車・石製模造品などが出土している。鋤には鉄製の刃先が付くと考えられる。

5 まとめ

中在家南遺跡の調査では上記のように，弥生時代中期には遺跡西部が集落，東部が墓地という配置の村があることがわかり，木製品の生産技術や祭祀・埋葬・食料など，東北地方の弥生農村の具体的状況を示す多くの遺物を得ることができた。またその後の農耕具の変遷を考える上での貴重な古墳時代の資料も同時に層位的に得ることができた。資料の整理・検討により東北地方の弥生文化の実態や，古墳時代農耕具の変遷や系譜がより明らかになるものと期待される。

連載講座
縄紋時代史
21．縄紋人の集落（1）

北海道大学助教授
林　謙作

今回からしばらくのあいだ，縄紋人の集落の説明をつづける。縄紋人の集落は，どのような変遷をたどっているのだろうか。集落のなかにはどのような施設が配置されているのか。集落の住民の顔ぶれは一定しているのだろうか。そういった具体的な説明に入るまえにわれわれの先輩たちが縄紋人の集落についてどのような考えを持っていたのか，いいかえれば縄紋人の集落のイメージの変遷をたどってみることにしよう。

1．「縄紋集落」の形成

1-1．姥山貝塚の調査

1925年5月9日，150人ほどの人びとが市川市の姥山貝塚（当時千葉県東葛飾郡大柏村柏井）に集まった。東京人類学会主催の「見学会」に参加した，人類学会の会員やその家族である。やがて，彼らは貝塚の東側の麦畑の一角に陣取り，てんでに穴掘りをはじめた。1920年代のなかばから1930年代にかけて，このような「見学会」は，かなり頻繁に開かれていた。ほとんどの場合，数名の常連に飛び入りがたまに混じる，という程度だったらしい。この姥山貝塚の「見学会」は，それまでにない規模の参加者を集めたわけである。

この日の夕方になって，貝層の下から土器をうめこんだ炉が発見された[1]。この「見学会」の事実上の主催者は，東京帝国大学人類学教室であった。人類学教室では，引き続き調査をおこなうことを決定し，ふたたび5月13日から調査をはじめ，5月21日には第一号住居址（図1）の輪郭をとらえることに成功した。この第一期調査は6月28日にいったん中断されるが，「住居址7，甕棺2，人類ノ遺骸大人4，（中略）小児2其ノ他多量ノ土石器」[2]の収穫をあげた。第二期調査は7月21日[3]にはじまり，10月22日に終了するが「其ノ調査ニ日子ヲ費スコト90日発掘セル面積300坪蓋シ従来稀ニ

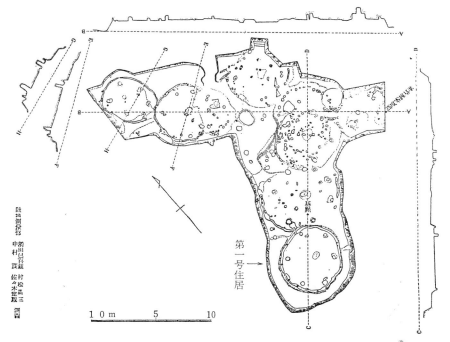

図1　姥山貝塚第一期調査（A地点）で検出された住居址群（註2）による）

見ル大発掘」[4]（以下漢字は当用漢字，カナ遣いは原文のまま）となった。ただし6年後に刊行された報告書では，第一期（A地点）調査の結果には，まったく触れていない。

人類学教室主任の松村瞭は，この調査になみなみならぬ熱意をしめしている。文学部考古学研究室の原田淑人はいうまでもなく，建築学の伊東忠太・関野貞のほか，地理学・魚類学の専門家にも現地指導をあおいでいる。地形図・遺構実測図の作成を陸軍参謀本部陸地測量部（建設省国土地理院の前身）に依頼し，陸軍飛行学校に依頼して航空写真の撮影もおこなっている。第一期調査の終わるころ，その3月にこの国最初のラジオ放送をはじめたばかりの東京放送局（NHKの前身）が調査の結果をニュースとして流した。新聞報道の影響もあって「専門家ハ言フニ及バズ一般同好者ノ見学スル者日々ニ多キヲ加ヘ，姥山貝塚ノ名ハ俄カニ世上ニ喧伝サレルニ至ツタ」[4]。マスコミが考古学関係の情報を社会ダネとしてとりあげた最初のケースである[5]。

この「大発掘」のきっかけとなった「第一号住居」（図1）は，さきに指摘したような事情で，「6個ノ柱穴ヲ有スル長径6.8m，短径6.0m，深サ45cm，周溝ヲ有スル楕円形ノ住居址」[6]であることしかわからない。第二期調査で検出された第一号住居は「円味ヲ帯ビタル方形ニシテ，其径南北方向ニ於テ5.3m，東西方向ニ於テ5m」で床面は「鏡ノ如ク滑沢ヲ呈シ堅緻ニシテ恰モ今日ノ塗壁ニ似」ており，四隅・中央に径40〜60cm，深さ90cm前後の柱穴がある。中央の柱穴のそばには，土器が埋けこんであり，「口縁ヲ竪穴底面ト全ク同一面ニ水平ニ位置セシメ（中略）内ニ灰・木炭又焼土等充満シ，土器外面ニ接スル土ハ多少火気ヲ蒙リシ形跡」がある。「壁ニ添ヒ底面ニ溝ヲ廻ラス。之ヲ周溝ト名ク（中略）溝中諸所ニ小窩ヲ認ム」[7]，周溝の幅は18〜20cm，深さは15〜25cm，「小窩」の部分は40cm前後になることもある。いまとなってみれば，この説明を読んで，典型的な縄紋中期の住居だと即座にわかる人はザ

図2 姥山貝塚B地点の住居址群（註2）による）
（F：炉，Ⅲ〜Ⅶ：竪穴番号，破線：住居輪郭）

ラにいるだろう。しかし「第一号住居址」が検出されたとき，「之ガ従来不明デアツタ我ガ石器時代住居ノ一様式トシテ数フベキ標型ニナラウトハ，神ナラヌ身ノ誰モ予想シナカツタ所デアル」[6]。

この調査によってつぎのような事実があきらかになった。

1　関東地方の貝塚の貝層の下には，住居址がまとまって分布している（図2）。
2　住居には柱穴・炉・埋甕・周溝などの付帯施設がともない，
3　床は固く叩き締めてあり，
4　ローム層に切りこんでいる[8]。
5　近い位置にある住居址には，重複・切りあいが認められ，
6　時間差を想定することができる[9]。

これがきっかけとなって，関東地方では住居址の調査がにわかに活発になり，内陸部でも後藤守一の東京・西秋留の敷石住居の調査[10]などの成果がもたらされた。

人類学教室による姥山貝塚の調査・住居址の発見は，集落のなかの施設としてもっとも大きな意味をもつ住居を確認し，そのすがたをあきらかにした。その点でこの調査と発見は，集落の姿をあきらかにするうえできわめて大きな役割を果たしている。この発見は偶然の結果ではない。やや長くなるが八幡一郎の文章を引用しよう。「土層中ニハ尠カラザル自然及人工ノ遺物ヲ含有ス。（中略）従来ノ関東地方ニ於ケル貝塚発掘ハ，貝層尽

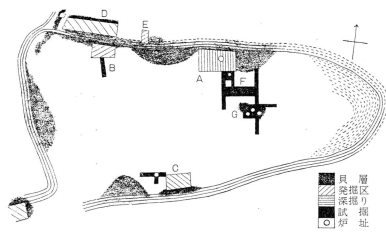

図 3 マンローによる三ツ沢貝塚調査平面図（註13）による

クレバソノ下ヲ顧ミザルコト多キ憾ミアリキ。近年ニ至リテ人骨採集ニ此土層ヲ吟味スルノ必要ヲ感ジ，該層発掘ノ風ヲ誘発セリ。土層ノ発掘ハ啻ニ人骨採集ノ目的ニ叶フノミナラズ，其含有スル遺物類ガ（中略）之ヲ被フ貝層ヨリ以前ニ埋没セルコト明カニシテ（中略）層位観ニ重要ナル手懸リヲ得ルコトアルベシ」[11]。一言でいえば住居址の発見も土器型式の編年とおなじく人骨採集ブームの副産物なのだ。

1-2. 姥山以前

いうまでもないことだが，姥山貝塚の竪穴住居はまったくの新発見ではない。それ以前にも，竪穴住居の発掘はおこなわれていたし，日本列島をふくむ世界各地に竪穴住居を利用している人びとがいるという知識も，広くゆき渡っていた。

姥山の調査の20年前[12]，N.G.マンローは神奈川・三ツ沢貝塚をのべ7カ月にわたって発掘している（図3）。図3上部中央のA区では，完全な人骨2体が出土している。1体目の人骨と「ほぼおなじレベルで4m程はなれたところに灰層があり，トレンチの南端の近くには，最大径1.5m・深さ50cmを超す穴（中略）があった」[13]。二番目の人骨とおなじレベルで，1.8m程はなれたところにも灰層があり，1.5m以下のところには，「火を囲い込むために丸くならべた石囲い・灰や炭があること・とりわけ赤褐色に変色した焼土が底にあることでそれと知ることのできる」「原始時代の炉」[14]があった。マンローは，三ツ沢ではいたるところに直径30cm以下で，20～60cmほど赤土に掘りこんだ穴があることを指摘し，柱穴だろうと推定している[15]。黒土が赤土に直接乗っ

ているところもあったというから[16]，床面にもでくわしている可能性が高い。しかし，彼は住居址のプランをとらえるにはいたっていない。柱筋がまっすぐ通る建物を予測しており，円形・楕円形などのプランの住居と柱配置は予想外だった，ということもあって，プランを確認できなかったのだろう[17]。とはいうものの，マンローが，検出した遺構にもとづいて，縄紋時代の住居の存在に言及した最初の人物だ，ということは動かない[18]。

大森貝塚の出版とおなじ1879年，「穴居考」[19]という書物（図4）が出版された。和綴じ・21ページの小冊子である。著者・黒川真頼は『古事類苑』の編者の一人。東京大学・高等師範学校などで国史・有職故実などを講義した。「上古ノ人（中略）ハ山ノ腹ヲ横ニ穿チテ窟ト為シテコレニ住セシ」ことの考証が「穴居考」の眼目である。著者の経歴から推測できるように，徹頭徹尾『古事記』・『日本書紀』をはじめとする文献資料に根拠

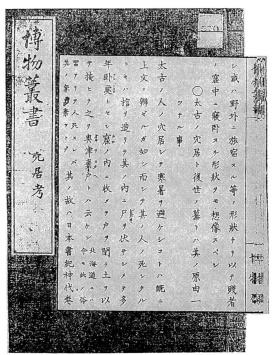

図4 『穴居考』表紙と本文（札幌農学校旧蔵）

91

をもとめており，考古資料はいうまでもなく，民俗資料にもほとんど触れていない。「穴居考」は，「太古」の住居についてのもっとも初期の考証のひとつにはちがいないが，考古資料にもとづく考察・吟味という立場からみれば，意味のある書物とはいえない。しかし黒川の解釈は，三宅米吉の『日本史学提要』(1886年刊行)にも紹介され，穴居＝竪穴という考えを植えつけるには大きな役割を果たしているし，当時の人類学・考古学の研究者にも，かなり大きな影響をあたえていたようである。

たとえば坪井正五郎は，1880年代に埼玉・吉見をはじめ何ヵ所かの横穴墳墓を調査する[20]。坪井は「横穴は元来墳墓として作た物では無く，(本来は住居で)人を葬た痕跡の有るのは，只穴を利用したと云ふ迄の事で有る」[21]（カッコ内筆者）という立場をとりつづける。この論理にしたがえば，たとえ入口を玉石などでふさいだ横穴があったとしても，入口をふさいだのは横穴を墓として利用した人びとで，横穴を作ったのは別の人びとだということになる。

ここで坪井は「人ノ死シタルトキハ棺ヲ造リテ其ノ内ニ尸(シカバネ)ヲ伏サシメテ多年臥処(フシドコロ)トセシ窟ノ内ニ納メテ戸ヲ閉ジテ土ヲ以テ掩ヒテ之ヲ奥津棄戸(オキツスタヘ)トハ云ケン」[22]という黒川真頼の解釈を踏襲している。ただし奇妙なことに，坪井は黒川の説には，まったく触れていない。これが意図的な剽窃なのかどうか，その点の詮索はともかくとして，坪井は横穴の調査にあたってこの黒川の解釈が正しいのかどうか，確かめようとはしていない。それどころか，横穴を作った人びと・横穴を利用した人びととは別だという，少なくとも当時の発掘技術では，確かめようもない解釈をひきだして，自分の立場を補強している。

その20年後，坪井はふたたび同じことをくり返している。1908年長野・諏訪湖から石鏃・剝片などが発見された。いま，われわれが諏訪湖底曽根と呼んでいる遺跡である[23]。これを報告した橋本福松は，現地の漁民からの聞きとりや周囲の地質構造の観察にもとづいて，地滑りか地盤の沈降によって，地上にあった遺跡が水没したものと解釈している[24]。ところが坪井は，現地を調査する前にこれが「杭上住居」であると予測し，以後その立場をとり続ける[25]。ここで坪井はヨーロッパ新石器時代のいわゆる湖上住居を引き合いにだす。ヨーロッパの遺跡だということが関係あるのかどうか，ここでは坪井は出典（ただし原典ではなく英訳本）をあきらかにしながら類例をならべる。

今日のわれわれの立場から考えれば，曽根に杭と解釈できる遺構が残っているのかどうか，その点が「杭上住居」という解釈が成り立つのかどうかの分かれ目になるはずである。しかし，坪井が現地調査のときに，その点に特別な注意をはらった様子はうかがわれない。ただし曽根からは（長くて5cm前後の）木片が採集されている。この木片は「樹木或は木片が此所に流れこんだと云ふのも」，「何時の時代にか木製の物が沈没したと云ふのも」，「石器時代当時の住居の部分が遺つたのであると云ふのも」それぞれ一つの考え方だが，「木が流れこんだと云ふのも何か沈没したと云ふのも共に証拠があつての話」ではない。だから「木片中の或る物は石器時代の家の遺りかも知れぬと申したとして，その想像の根拠が他に比して著しく薄弱であるといわれない」[26]という理由で坪井は曽根の木片を杭上住居を裏づける事実に数える。なぜ私が，坪井の発言を問題にするのか，その説明はあとまわしにして，本州で縄紋時代の竪穴が確認されるまでの経過をたどってみよう。

竪穴そのものの発見は，さきに紹介したマンローの三ツ沢貝塚調査の9年程前，1896年頃のことである。蒔田鎗次郎は，東京・巣鴨の自宅敷地内に弥生時代の住居址の断面が露出しているのを発見し，報告している[27]。しかし，マンローや蒔田の報告は，ほとんど一般の注目をひかなかったらしい。後藤守一は，佐藤伝蔵の青森・森田の調査例や柴田常恵の岩手県下の調査例などから，竪穴が本州に分布しているとしても，東北地方北部どまりだ，という考え方が，その当時は支配的だったことを指摘している[28]。

1910年には，坪井正五郎が新潟・クロボ（図5）と神田の炉址を紹介した[29]。クロボの例は，幅60cmほどの石囲いのなかに土器片を敷きつめたもので，この地域の中期中葉の馬高期のものにちがいない。神田例は，幅30cm・長さ50cm（以上）の石囲いの一方の端に，深鉢の胴部下半を埋けこんである。これも中期中葉〜後葉の複式炉である。しかし坪井は，北海道・サハリンの竪穴の炉（地床炉）にふれながら[30]，これが半地下式の住居の施設である可能性は指摘していない。現地で掘りこみが確認されていない，という事情も考

にいれねばならない。しかし，横穴が先住民の住居だ，という彼の立場からすれば，北海道・サハリンの竪穴の炉とむすびつければ，先史時代の住居は「縦穴」に違いないという神風山人の意見[31]を認めねばならなくなる，という事情もはたらいていたのだろう。

1889年，羽柴雄輔は「之ナン竪穴ノ遺風ナルベシト感覚ヲ起コセルモノヲ最上川及ビ其他ノ河岸ニ発見」し，報告している[32]。直径 1.8〜3.6m，深さ 30cm ほどに地面を掘り，樹枝で組んだ骨組みをカヤ・ススキなどで覆って上屋をつくる。上屋の裾には，30〜60cm ほどの高さに土砂を盛りあげ，雨水が流れ込まぬようにする。いうまでもなく，これは日常の住居ではなく「漁者或ハ渡守橋番人等ノ休憩スル為ニ設ケタル小屋」である。

1895年には，大野延太郎（雲外）・鳥居龍蔵が東京・新郷でも，半地下式の小屋を冬期の作業場として利用している例があることを報告した[33]。掘りこみの深さは 45〜75cm で，床には 10cm ほどの厚さに筵を敷いてある。掘りこみの部分にも筵をかけ，竹串でおさえる。羽柴の報告した庄内の例とは違って，新郷の半地下の小屋のプランは方形で，一辺 3m 弱である。

羽柴は，庄内地方の半地下の小屋を北海道に分布している竪穴にくらべれば，掘りこみが浅く，保温効果が低いという。しかしそれは，時代をおってしだいに浅くなってきたまでのことで，このような施設が「太古竪穴住民ノ遺風ナルコト疑ヒヲ容レザルナリ」と断定する[34]。大野・鳥居も，新郷の半地下式の小屋のなかに夜具やランプが持ちこまれていた例があることを根拠として，「古昔ハ蓋シコレヲ住居トシテ用ヰシモノナルベシ」[35]と推測している。その根拠の当否はともかく，本州にも，竪穴（半地下式）住居を利用していた人びとがいたに違いないという推測が，19世紀の末には，人類学・考古学の研究者のあいだに，次第にひろがっていっていた事をしめしている。

ここで，私がなぜ坪井の発言を問題にしていたのか，その理由を説明しよう。縄紋時代の住居の確認と結びつく発見があったのは，姥山の調査よりもかなり前のことだ。しかしそれらの発見は，結局は孤立したものにとどまり，発掘調査によって先史時代の住居のすがたをとらえようという動きは，しばらくのあいだ起こらない。19世紀の考古学・人類学の調査が小規模なもので，調査経費

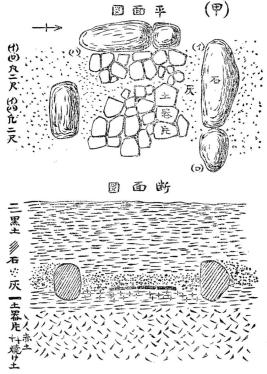

図 5 新潟・クロボ発見の炉址（註29）による）

にも恵まれていなかったからだ，と説明できるかもしれない。たしかに寺田透が紹介しているように[36]，人類学教室全体の経費が，主任教授の年俸よりも少ない，というのが実情だった。しかし，1930年代からのちになると，和島誠一の東京・志村や宮坂光式の長野・尖石などの調査をはじめ，個人が手弁当で集落の主要部を掘りあげる場合がみられるようになる。この違いを，経費の額や組織・機関の有無の面だけから説明することは無理だろう。

なぜ，和島や宮坂（それに杉原荘介・酒詰仲男など）は，手弁当ででも集落の調査をやりとげたのだろうか。具体的な目的はともかく，彼らが集落の調査を必要だ，と考えたことは間違いない。とすれば，19世紀の考古学者・人類学者は，集落はともかく，住居址の調査を必要だとは感じていなかった，ということになる。

それではなぜ，彼らは住居址の調査を必要だとは感じなかったのだろうか。19世紀末から20世紀初めにかけて，先史時代の人びとが竪穴を住居としていただろう，という考えはかなり広い範囲に受け入れられるようになっていた。しかし，竪

穴住居というものが，遺跡のなかでどのような姿をしているのか，はっきり説明できる人は誰もいなかった。にもかかわらず，誰も住居址を調査してみようとはしなかった。発掘調査というものの意味が理解されていなかったからだ，というほかに理由は説明できない。

考古学の世界では，さまざまな根拠にもとづく仮説や解釈は，発掘調査によって吟味にかけられる。発掘調査が，仮説や解釈を吟味するただひとつの手段でないことはいうまでもないが，きわめて有力な手段であることは否定できない。極端ないい方になるが，発掘調査によって確認された事実・そこから読みとれる事がら，それがなによりも決定的な意味を持っている——考古学の世界というのはそのような世界なのだ。

ここで，あらためて坪井正五郎の発言に目をむけてみよう。坪井は「横穴住居説」のなかで，横穴を作った人びと・墓に利用した人びととは別だ，と主張している。この主張はどのようにして成立するのだろうか。

坪井は，「貴人ハ常ニ住ム殿舎ハ有テ其ノ殿ノ奥方ニ窟ヲ造構シ（中略）寝処トセシナリ（中略）賤人ハ屋廬アリテ其屋廬奥方或ハ別処ニ窟ヲ造構シテ以テ寝処ト為セシ者有リ家屋ナクテ常ニ窟ニ住セシモノ有リ」[37]という『穴居考』の説明を引用し，「我々祖先の貴族の穴居は綏靖天皇の時迄は慥に有たもの土蜘蛛の穴居は景行天皇の時迄は慥に有たもの」[38]だから，横穴を作ったのは日本人・土蜘蛛の二つの可能性があるが，「日本人の遺跡と見るよりは土蜘蛛の遺跡と見る方の傾きが強うござります」[39]と主張する。ここで坪井は，その主張のなかの「穴居」・「土蜘蛛」というふたつのキー・ワードを，古事記・日本書紀から引きだしている。

一方，黒岩・北吉見の横穴からは，勾（曲）玉・管玉・須恵器（祝部土器）・土師器・埴輪・直刀・刀子・耳輪などの遺物が出土している。「曲玉管玉は我々日本人の祖先が用ゐた物でござります，祝部埴輪は我々日本人の祖先の墳墓にある物でござります，此故に私は是等の遺物有る横穴は我々の祖先の葬穴であると断言致します」[40]というのが，この事実に対する坪井の解釈である。

坪井は，「土蜘蛛」が「穴居」していた，という古事記・日本書紀の記述と，横穴から出土する遺物は日本人の祖先が残したものだ，という解釈をつぎあわせる。こうして，横穴を作った人びとと利用した人びととは別だ，という主張が成立する。ここで坪井は，記・紀の記述が「真理」であると信じているのだが，それはここでは問題にする必要がない。彼は，文献史料の伝えている「真理」と，遺物がしめしている「事実」を簡単に「調和」させている。そこが問題なのだ。坪井は，記・紀の記述と，考古学的な事実をおなじ次元にならべており，両方が成り立つような解釈をひねり出している。このような解釈をした場合，横穴から出土している遺物は，すべて「日本人の祖先」が残したものなのだから，土蜘蛛は住居としての横穴を作っただけで，なにも遺物を残していない，という矛盾がうまれる。しかし，坪井はこの考古学の立場からは無視できない矛盾には目を向けようとしない。

諏訪湖底曽根の調査のときには，遺跡に杭が残っているかどうか，注意をはらった形跡がないことはすでに指摘した。土蜘蛛が穴居していた，という古事記・日本書紀の記述が「真理」であるとおなじように，ヨーロッパの学者の著書のなかの「杭上住居」も「真理」である。したがって，遺跡に杭が残っているかどうか，そのような吟味は些細な問題なのだ。坪井の行動から，その考えの筋道をたどってみると，このようになる。曽根の遺跡・遺物は，その「真理」を盛りこむ入れものにすぎないのだ。無条件に成立する「真理」を現実の遺跡・遺物にあてはめる。それは「考古学」ではなく，「考証学」にほかならない。

つまり，坪井が意見を組み立てる過程では，自分のたてた仮説・文献に記述してある事がらを，現地調査やナマのデータとつきあわせ，吟味にかけるという手続きが抜け落ちている。遺物や遺跡から読みとれることにもとづいて，仮説を組み立て，それを現地で吟味しようとする姿勢はうかがえない。言葉をかえれば，発掘調査をふくむ現地調査は，仮説やすでにでき上がっている判断を吟味にかける手段ではなく，新しい解釈の素材を手に入れる機会にすぎないのだ。19世紀末から20世紀初めのこの国の学界では，発掘調査を中心とする現地調査が，仮説をふくむさまざまな判断を吟味にかける手段となる，ということが理解されていなかった。このような状況のなかでは，先史時代の住居がどのようなものか，発掘調査をして確かめる必要性などが感じられるはずもない。

19世紀末から20世紀初めのこの国の考古学・人類学は、まだ考証学の水準にとどまっていた。坪井正五郎の発言を、不必要なまでにこまかな吟味にかけたのは、その事実を証明するためである。発掘調査が、さまざまな根拠にもとづく判断や仮説を吟味にかける手段となる、ということはほとんど意識されていなかった。そこに住居址の調査がたちおくれた原因がある。しかし、われわれはこれを過去のできごとだ、と片づけることができるだろうか。いまおこなわれている発掘調査の現場で、どのようなものにせよ、ひとつの仮説を吟味するという目的がどれだけ意識されているか、はなはだ心もとない。

1-3. 姥山以後（1）

姥山の調査が、縄紋集落の研究のうえで、大きな転機となることは否定できない。1920年代後半から1930年代にかけて、竪穴住居址の調査例は、飛躍的に増加する。1940年に発表された「上古時代の住居」[41]のなかで、後藤守一は不確実例もあわせると50例以上の調査例を集成している。姥山の調査の直前、1924年には文部省と東京府が共同して東京・高ヶ坂を調査し、はじめて敷石住居を発見しているが[42]、後藤の集成によると、敷石住居の数も30基をこえている。

姥山での竪穴住居址の発見が、土器型式の編年とともに、人骨採集ブームの副産物であることは、すでに指摘した。つまり住居址の調査は、土器型式の編年網の整備と歩調をそろえて進展したわけである。それがさいわいな結果となって、前期・中期・後期の三時期区分の枠のなかではあるが、住居址の時期は比較的確実にとらえられている。1930年代にはすでに前期の住居は方形・長方形のものが主流となっており、中期にはいって円形・楕円形・隅丸方形のものがあらわれること、敷石住居は後期初めのものが主流となることがあきらかになっている[43]。

調査の面でも、竪穴を掘りこんだ面を確認しようとする試みがおこなわれるなど、綿密な注意も払われるようになっている。後藤守一は、東京・草花の調査にあたって、土器片の出土する位置と深さをすべて記録し、土器片は地表下40〜50cmに集中しており60cmをすぎるとほとんど出土しなくなることを確認した。ローム層の上面は地表下75〜80cmのところにあるから、竪穴は厚さ20cm前後の腐蝕土層の上面から掘りこまれたと推測できる、というのが後藤の結論である[44]。

縄紋時代の住居の構造について、関野克が建築史の立場からの発言をおこなうのも、この時期のことである。関野の発言[45]によって、縄紋時代の住居の構造がかなり確実に復原されるようになった。現在日本列島の各地にみられる「復原住居」は、ほとんどすべて関野が復原したモデルを踏襲している。また、関野は姥山や埼玉・上福岡などの住居の観察にもとづいて、竪穴に住んでいた人数まで推測する試みもおこなっている。しかしすでに紙面もつきているので、その詳細については、次回に紹介することにしよう。

註
1) 著者不明「姥山貝塚遠足会之記」（『人類学雑誌』41：289-90, 1925）
2) 松村瞭・八幡一郎・小金井良精「下総姥山ニ於ケル石器時代遺跡貝塚ト其ノ貝層下発見ノ住居址」p.2（『東京帝国大学理学部人類学教室研究報告』5, 東京帝国大学, 1932）
3) 松村は、第二期調査を「8月下旬以後ニ再ビ着手シタ」（同上・p.2, 傍点筆者）とするが、これは7月の誤植だろう。
4) 同上・p.4
5) 人類学教室内外の事情、「大正」から「昭和」へという社会情勢を念頭において、これらのできごとの背景を考えてみる必要もあるが、ここでは省略する。
6) 松村, 八幡, 小金井・前出・p.1
7) 同上・pp.14-15
8) 同上・p.13
9) 「上記ノ竪穴ガ総テ必ラズシモ同時ニ存在セザリシコトハ、相接スルモノヽ、互ニ相裁リ、相重ナル事実ニ照ラシテ明カナリ。（中略）第2号以下第8号マデハ互ヒニ其時ヲ異ニシテ作ラレシナルベシ」（同上・p.23, ルビ・傍点筆者）という文章をみると、われわれがいう意味での「切り合い」をとらえていた、と断定はできない。
10) 後藤守一「西秋留石器時代住居遺阯」（『東京府史蹟名勝天然記念物調査報告書』10〈原典未見〉, 1933）
11) 松村, 八幡, 小金井・前出・pp.12-13
12) マンロー自身は、調査年月をあきらかにしていないが、小金井良精は1905年のこととしており、日記にも5月25日にマンローを訪問し、発掘現場に案内されたことが記録されているという。
　小金井「日本石器時代の埋葬状態」p.26（『人類学雑誌』38：25-47, 1922）
　星新一『祖父・小金井良精の記』pp.328-29（河出書房新社, 1974）
13) Munro, Neil G. *Prehistoric Japan.* p.63（出版社不明, 1908, Johnson Reprint Edition 1971）

14) 同上・p.64
15) 同上・pp.86-87
16) 同上・p.86
17) マンローは，これらの柱穴が直線的にならんではいないことを指摘し，その理由を長期間にわたって，住居がかぎられた同じ場所にくり返して建てられたために，柱痕が不規則に分布する結果となった，と解釈している。同上・p.87
18) 高畑宜一は，マンローの三ツ沢貝塚の調査よりも先，1890年代に石狩川沿岸の竪穴の分布調査をおこない，発掘もしている。しかし，その記述には，炉・柱穴などの内部遺構にふれた部分がまったくない。地上で確認できる落ち込みを目当てにして発掘し，遺構の輪郭や内部の施設は意識していなかったのだろう。
　　高畑宜一「石狩川沿岸穴居人種」（『東京人類学会雑誌』103：2-16，1894）
19) 黒川真頼「穴居考」（『博物叢書』内務省博物局，1879）
20) 坪井正五郎「埼玉県横見郡黒岩村及北吉見村横穴探究記」上・下（『東京人類学会雑誌』19：294-308, 22：55-62, 1887・1888）
21) 坪井「神風山人君の説を読み再び考案を述ぶ」p.220（同上・27：213-25，1888）
22) 黒川・前出・pp.15-16
23) ソネというのは地名ではなく，諏訪湖のなかの浅瀬を指す普通名詞で，今日われわれが曾根と呼んでいる地点の地名は，大和下である。
　　橋本福松「諏訪湖底より石器を発見す」pp.279-80（『東京人類学会雑誌』278：279-85，1909）
　　坪井「諏訪湖底石器時代遺跡の調査・上」p.323
24) 橋本・同上・pp.282-84
25) 坪井「石器時代杭上住居の跡は我国に存在せざるか」（『東京人類学会雑誌』278：286-92, 1909），「諏訪湖底石器時代遺跡の調査」上・中・下ノ一・下ノ二（『東京人類学会雑誌』279：321-24, 280：381-86, 283：9-14, 285：100-03, 1909），「諏訪湖底石器時代遺物考追記」1～4（『東京人類学会雑誌』287：163-68, 288：212-15, 289：250-54, 291：345-49, 1909）
26) 坪井「諏訪湖底石器時代遺跡の調査・下ノ一」pp.10-11
27) 蒔田鎗次郎「弥生式土器発見に付て」pp.324-25（『東京人類学会雑誌』122：320-25，1896）
28) 後藤守一「上古時代の住居・上」p.3（『人類学・先史学講座』15：1-79，雄山閣，1940）

29) 坪井「越後発見の石器時代火焚き場」（『東京人類学会雑誌』293：401-06，1910）
30) 同上・p.401
31) 神風山人「北吉見村横穴ヲ以テ穴居遺跡ト為スノ説ニ敵ス」pp.140-41（『東京人類学会雑誌』25：141-44，1988）
　　なお「神風山人」は白井光太郎のペンネームである。
32) 羽柴雄輔「竪穴ノ遺風今尚庄内地方ニ存セリ」（『東京人類学会雑誌』25：152-153，1889）
33) 大野延太郎・鳥居龍蔵「竪穴ニ類スル小舎東京近郊ニ現存ス」（『東京人類学会雑誌』95：194-96，1895）
34) 羽柴・前出・p.153
35) 大野，鳥居・前出・p.196
36) 寺田和夫『日本の人類学』p.66，思索社，1975
37) 黒川・前出・pp.3-4
38) 坪井「埼玉県横見郡黒岩村及北吉見村横穴探究記・上篇」p.306
39) 坪井・同上・p.308
40) 坪井「埼玉県横見郡黒岩村及北吉見村横穴探究記・下篇」p.60
41) 後藤守一「上古時代の住居」上・中・下（『人類学・先史学講座』15：1-79, 16：81-156, 17：157-208，1940，雄山閣）
42) 後藤「上古時代の住居・上」p.3
　　なお原報告（柴田常恵「高ヶ坂の石器時代住居」，後藤守一「南多摩郡高ヶ坂石器時代住居址」，同「南多摩郡高ヶ坂石器時代集落遺跡」）は，それぞれ『史跡名勝天然記念物』1—10，1925，『東京府史跡名勝天然記念物調査報告』4, 1925，『東京府史跡名勝天然記念物調査報告』5, 1926に収録されている。ただし，執筆にあたって，原報告を参照することはできなかった。
43) 後藤「上古時代の住居・下」pp.200-02
44) 後藤「上古時代の住居・上」pp.57-58
　　原報告（「東京府下に於ける石器時代住居址・第二」『東京府史跡名勝天然記念物調査報告』14, 1938）は参照できなかった。
45) 関野 克「日本古代住居址の研究」（『建築雑誌』591：1219-33, 1934），「竪穴家屋と其の遺跡に就いての理論的考察」（『ミネルヴァ』2—1, 1937），「鉄山秘書高殿に就いて（原始時代一建築構造の啓示）」（『考古学雑誌』28：429-46, 1938），「埼玉県福岡村縄紋前期住居址と竪穴住居の系統に就いて」（『人類学雑誌』53：365-82, 1938）

書評

日本第四紀学会 編
第四紀試料分析法
東京大学出版会
A5判 77頁+556頁
9,785円 1993年8月刊

　第四紀学は，地球の歴史上一番新しい地質時代である第四紀を対象とした研究分野である。この約170万年の間は氷河期の到来に象徴される厳しい気候変化を特徴とし，それに伴い生物相が大きく変化した。この時代出現した人類はこの激動の時代によく適応し，急速に拡散していった。人類が農耕牧畜を開始した後，人類活動の影響は，やがて地球規模の環境破壊を引き起こすに至っている。第四紀の地層に刻まれた人類の歴史を復元するには，第四紀学を構成する地質学，地理学，古生物学，動物学，植物学，土壌学，人類学，考古学，地球物理学，地球化学，工学などの関連研究分野が有機的に連携し，学際的研究を進めていくことが必要である。このような学際的研究を円滑に進める一助として本書は企画された。

　日本第四紀学会は1956年に設立され，設立20周年にあたる1977年には『日本の第四紀研究―その発展と現状』が刊行され，また設立30周年を迎えた1986年には『日本第四紀地図』が刊行された。その後学会内に特別刊行物企画編集委員会が設けられ，いくつかの意欲的な編集企画案が計られてきた。本書はその特別刊行物の企画として，先に雄山閣賞を受賞した『図解日本の人類遺跡』に次いで刊行されたものである。

　本書の意図について，第2部の序に書かれたいきさつなどをもう少し詳しく紹介すると，第四紀学においても科学の進展に伴いさまざまな分析機器，分析技術を取り入れた研究が行なわれるようになった。これまでの第四紀研究ではまず野外調査を行ない，次に採取してきた試料について「何をどのように分析しようか，あるいは何について分析を依頼しようか」と考える事例が多かったように見受けられる。そのためかある分析法を取り入れた研究にしても，(1)分析対象となる試料が適切でなかったり，(2)試料採取法が不適当だったり，(3)運搬保存方法に問題があったり，(4)誤った前処理をしてしまった，など必ずしも適切な処置が取られていない場合が少なくなかった。こうしたときに，第四紀研究で用いられる分析法をあらかじめ把握しておくことが大切である。

　本書はこのような人たちのために初心者であっても，「どのような研究目的のために，どのような試料採取法で，どのような分析法を用いて，どのようなことがどこまでわかるか。」が理解できる各種分析法に関する解説書として企画された。

　本書は，『1. 試料調査法』と『2. 研究対象別分析法』の2分冊からなる。上記の野外調査のとき役立つ(1)分析対象となる試料，(2)試料採取法，(3)運搬保存方法，(4)前処理，に関するものは，『1. 試料調査法』として，野外に持ち出せるように全77頁にコンパクトにまとめられている。その『1. 試料調査法』では，1 土壌堆積物編（土壌/堆積物/テフラ），2 化石編（微化石/微小植物/大型植物/軟体動物/昆虫類/脊椎動物/生痕），3 遺物編，4 年代測定編（カリウムアルゴン法/フィショントラック法/放射性炭素(^{14}C)年代法/ウラン系列法/熱ルミネッセンス法/電子スピン共鳴(ESR)法/ラセミ化年代法/黒曜石水和層法/古地磁気層序法，に関して具体的に試料採取法が解説されている。

　(5)原理，(6)仮定，(7)適用条件，(8)分析法の概略，(9)測定値の補正，(10)誤差，(11)問題点などに関しては『2. 研究対象別分析法』として，556頁，総勢60余名によって分担執筆されている。

　『2. 研究対象別分析法』の内容は，『1. 試料調査法』と同じ，1 土壌堆積物編，2 化石編，3 遺物編，4 年代測定編の4部から成る。4 年代測定編は他書にゆずるとして種類と特徴だけが概説されているが，その他の項目に関してはそれぞれ小項目に分けられ分析法が詳しく解説されている。埋蔵文化財などの発掘に関連する事項を取り上げてみると，土壌堆積物編では226頁にわたり，腐植，リン，鉄，マンガン，粘土鉱物，テフラなどの同定や識別法が述べられている。

　化石編では，微小植物（花粉，胞子，植物珪酸体，珪藻など），大型植物（木材，葉，果実，種子），無脊椎動物（有孔虫，軟体動物，昆虫類），脊椎動物（魚類，両生類，は虫類，鳥類，ほ乳類）に分けられ，分析法としては，成長線解析法，酸素同位体比法，アミノ酸分析法，脂肪酸分析法，アイソトープ食性解析法などが紹介されている。

　遺物編では，石器（執筆者：山田しょう），土器（清水芳裕），木器（山田昌久），骨器（小野昭），青銅器（馬淵久夫），鉄器（小林謙一）について型式形態学的解析法が記述されているほか，蛍光X線分析法，メスバウアー法，鉛同位体比法なども紹介されている。

　巻末には参考書のほか，分析機関リストも添付されており，ガイドブックとしてたいへん有効であり，一読をお奨めしたい。　　　　　　　（小池裕子）

書評

川越哲志 著

弥生時代の鉄器文化

雄山閣出版
B5判　334頁
15,000円　1993年12月刊

　弥生時代は日本列島にはじめて金属器が出現した時代である。弥生時代の開始は水田稲作農業の技術が朝鮮半島を通じて導入され，これまでの採集経済段階から生産経済段階へと転換した画期的時代の始まりであったが，これと不可分の関係で鉄器も登場した。本書は著者が学生時代から一貫して追究してきた弥生時代の鉄器研究を総合して体系化する意図のもとに一書をなした労作である。

　本書の構成は4章に大別されている。すなわち第1章初期鉄器時代としての弥生時代，第2章弥生時代鉄器各説，第3章弥生時代の鉄器をめぐって，第4章弥生時代鉄器の歴史的意義とする。

　第1章は第1節東アジアの鉄器文化の動向，第2節日本へ流入した初期鉄器の二節に分けて本書の序説をなす。わが国における金属器の使用開始は縄文時代末期にさかのぼり，鉄器が青銅器に先行したこと。全国的視野からは基本的に木製農具を製作する木工具として存在し，その形態的特徴は大陸に原型が求められること。中期から量的に増加し種類も豊富になって鉄器化が進展したこと。具体的には東日本における板状鉄斧の採用と九州における袋状鉄斧への転換，九州系鉇・瀬戸内系鉇の出現，北部九州における鉄製武器，儀器の墓への副葬，鉄鏃の全国的普及，西日本における中期末頃から始まる農具の鉄器化などが数えあげられている。また弥生前期の出土例22遺跡を列挙して中頃までは輸入品であったが後半になると国産品がみえはじめることを指摘している。つづいて中国・朝鮮の鉄文化を概観してわが国への伝播の契機にふれている。かくして本章は本書の総説の意義をもつものである。

　第2章は鉄器資料の個別解説で本書の大部分を占めている。第1節鉄製工具，第2節鉄製農具，第3節漁撈具，第4節鉄製武器，第5節装身具，第6節その他の鉄器（鉄製紡錘車）の六節で構成される。第1節工具では三種類の斧（鋳造鉄斧・板状鉄斧・袋状鉄斧）・鉇・鉄鑿・鑽・鉄刀子をあげ，その各々について各地の出土品実測図を集成的に掲げられている。その方針は本章を一貫して統一したスケールで掲載されていて，読者にとって大変有難いが，同時に著者の多大の労力を要することに敬意を表したい。そして各工具ごとに形態分類，大陸からの系譜，時期的変遷，着柄と用途，金属工学的所見などが詳細に検討され，たえず東アジア的視点を見失わないように留意されている。いまその一つ一つについてふれる余裕がないのは遺憾である。同様な内容は各節の鉄器にも適用されている。第2節農具では鉄鋤・鍬先・鉄鎌・摘鎌をとりあげている。なかでも使用法の認定をめぐる鋤先か鍬先かの問題がはやくから懸案になっているところから「鋳造鉄刃」・「鍛造鉄刃」の名称で分類・用途・系譜についてそれぞれ鍬と鋤の識別を明らかにしている。第3節漁撈具では釣り針・ヤス・モリ・アワビオコシをあげ，その鉄器は中期に始まるが一部の地域にとどまることを指摘している。第4節武器では鉄剣・短剣・素環頭刀・素環頭刀子・鉄刀・鉄矛・鉄槍・鉄戈・鉄鏃をあげている。武器類の出土例は近年西日本でさらに増加しているのでその集成はとくに労力を要することとなった。また研究史的な論考も多いが，近年の東アジア地域の成果とも照合しながら丹念に整理されて，これまでの成果を総合し，さらに新しい成果をもたらした。第5節装身具では鉄製指輪・鉄製腕輪・鉄釧子をあげている。

　第3章は弥生時代の鉄器をめぐる諸問題をとりあげている。第1節日本の鉄製錬の開始期をめぐって，第2節弥生時代の鉄斧と鉄斤をめぐって，第3節鉄器化の進行と地域性，第4節鉄製武器の流入と「倭国大乱」，第5節弥生時代鉄器の性質とその製作（1鉄器生産の開始，2弥生時代の鍛冶遺構，3鍛冶滓，4鉄素材と鉄器の製作）の五節構成であり，その題名からもうかがわれるように従来から学会で問題点として継続しているテーマを掲げて論じられている。考古学・歴史学・金属工学などの分野にまたがる内容で，研究史的な整理と前章で詳細な分析を試みた成果を踏まえた現段階での説得性に富む所見を導き出して，鉄器研究の水準を示す到達点を知ることができる。しかし一方では論者によっては異論も提出される余地もあることと思われる。

　第4章では1二つの鉄の道，2国産鉄器の出現と農工具の鉄器化，3漢代鉄文化の受容―鉄製武器の導入，4本格的鉄器時代への幕開けの四項目に上述の成果をまとめて結語としている。

　上述してきたように本書の内容は弥生時代の鉄器を総合的・系統的にまとめた初めての通史的叙述書である。今後の弥生時代鉄器研究にあたっては必読の書として永く価値を失わないであろう。たたら研究会の創立以来その中心メンバーとして活動してきた著者にしてよく成しえた事業であり，まさに人と時機を得た好著である。熟読を奨める所以である。

（小田富士雄）

書評

石村喜英 著
仏教考古学研究

雄山閣出版
A5判　430頁
10,000円　1993年11月刊

　先に浩瀚な『日本古代仏教文化史論考』(1987.5)を古稀に際して纒められた著者は，この度，傘寿を自祝し『仏教考古学研究』を上梓された。この二著によって，石村喜英博士の仏教文化史・仏教考古学研究の軌跡が容易に総覧し得ることになったのは喜ばしい。

　著者の研究の視角は「遺跡・遺物とともに，文献史料も加えて，これらの何れもが主，三者は常に同等の立場」にたつと主張されていることに尽きるであろうが，とくに私淑した石田茂作博士の影響は甚大である。大正大学の史学科において仏教史を研鑽した著者にとって卒業後の研究は石田博士の学風に強く惹かれるものがあり，後に内藤政恒氏などとともに「温瓦会」を組織して直接に指導をうけることになっていった。

　その成果が『論考』と『研究』として結実したのである。『論考』が寺院・僧伝・火葬に主眼がおかれたのに対して，『研究』は寺院・塔婆をはじめ仏像・仏具・墓碑のほか金石文など広範な分野に及んでいる。加えて「研究の方途と目的」(『論考』)と「初期仏教考古学史の展望」(『研究』)によって著者の研究の立脚点が示されていることも留意されなければならない。『論考』と『研究』は，冊と書名を異にするが類同であると言えよう。

　『研究』の構成は，次の通りである。序篇・研究の方途，二篇・古代寺院の諸問題，三篇・仏教考古学の一側面，四篇・仏教信仰上の一，二の形態，五篇・板碑の諸問題。序篇における「初期仏教考古学史の展望」，および四篇に収められた「泥塔研究史上に見る初期の著作」，そして五篇の「板碑に見える特殊用語と異体字」を除いては，すでに講座・雑誌などに発表されたものの再録である。そして巻末には著者の「著作論文目録」が添えられている。

　序篇において，日本の仏教考古学が江戸時代以降どのように展開してきたか，明治，大正・昭和にわけて展望し，ついで仏教考古学の成立を『佛教考古學講座』の刊行と石田博士の一連の研究に求めている。また「仏寺の調査法」と題して寺院跡の調査と仏像の見方について触れている。二篇は，古代寺院跡の具体的な調査研究の例として，勝呂廃寺(武蔵)をとりあげ，出土瓦塔の検討とともに，かねてから多くの論が提出されてきた「毎家仏舎」について論を進め，「毎家」=「民家」説を排している。さらに，瓦塔を出土した高岡廃寺(武蔵)は，現在の高麗山聖天院勝楽寺の創建地と考えられているのに対してその地を僧勝楽の山作所(火葬の場)と推定し，墓辺寺(墓守堂)的な建物として建立されたとする見解を提示している。高岡廃寺跡の発掘の結果を踏まえての主張として留意されよう。以上，瓦塔出土の二廃寺をめぐる研究は，長年にわたる瓦塔研究の一つの到達点を示すものとして注目される。さらに文献に見える古代寺院の大衆院，浴室について論じた2論文と武蔵国の渡来新羅人僧尼をめぐる問題を論じた一文を加えている。三篇は「仏教考古学の一側面」として，金石文・梵鐘尺度論・古代墓碑および聖観音像(武蔵高勝寺)についての見解を披瀝し，四篇「仏教信仰上の一，二の形態」において善光寺式三尊信仰(関東の場合)・瓦塔泥塔(概括的所見と文献の紹介)・銅磬(中世の2例紹介)をめぐる問題を述べている。五篇は「板碑の諸問題」であり，「板碑に見える種子と梵字」「題目・名号・十三仏板碑」「曼荼羅板碑」「私年号板碑」と図像板碑の報告などを収めている。

　以上のような内容をもって構成されている本書に対して著者は「いずれの個々の文も，『仏教考古学』という大きな枠の中に収める時，どれもが枠をはみ出ることなく，そっくりそのまま収まるという点では，異論をさしはさむ者はなかろう」(あとがき)と自負されている。たしかに本書に収められた個々の論文と報告は，著者の積年にわたる研鑽の成果として，後学に大きな影響をあたえることになるであろう。仏教考古学と言えば，考古学であるが故に，とかく，発掘調査とその結果に重点をおいたものとして認識されている面もあるが，著者が本書において，また先行の久保常晴博士が『佛教考古學研究』3巻(1967)において提示された方向も仏教考古学研究の一方法として着目されなければならないであろう。

　石村博士は，『論考』と『研究』のほか，『武蔵国分寺の研究』(1960)のような発掘を伴わない精緻な調査研究の精華的著作を物されていることは周知の通りである。寺院と塔婆，それに仏像と仏具に格別の関心を寄せてきた著者の方法は，仏教そして梵文についての該博さに裏打ちされて見事に石村流の仏教考古学を開花させた。傘寿を迎えられた著者のますますのご健勝を祈念し，あわせて未刊の一著(瓦塔の研究)の一日も早い上梓を鶴首していることをつけ加えさせて頂きたい。

(坂詰秀一)

論文展望

石野博信
岩崎卓也
坂詰秀一
永峯光一
(五十音順敬称略)
(選定委員)

山本暉久
縄文時代における竪穴住居の廃絶と出土遺物の評価
21世紀への考古学
p. 39～p. 55

　縄文時代が従来考えられてきたような定住的な社会ではなく，移動性に富んだ社会であったとする主張が近年盛んとなってきた。

　こうした主張の根拠のひとつに「吹上パターン」とこれまで呼ばれてきた，覆土中に多量の完形ないしそれに近い土器が多量に出土する現象を取り上げられる場合が多い。すなわち，竪穴住居の廃絶後，覆土層が形成される間，集団は移動し，再び戻ってきたあとに一括廃棄したことによって，そうした現象が生じたものと解釈するのである。

　縄文時代に限った問題ではないが，これまで竪穴住居がどのような過程を辿って廃絶されたのかといった点についてはあまり厳密な分析が行なわれてこなかったといえよう。筆者は，先に「吹上パターン」現象を有する住居址例を分析し，住居址内覆土層中の第一次埋没土の形成が竪穴住居廃絶に伴う人為的な埋め戻しによってなされた可能性について論じ，集団移動と結びつける解釈に対し批判的な見解を示した（「縄文中期における住居址内一括遺存土器群の性格」『神奈川考古』第3号，1978）。一方，最近，黒尾和久氏は，「吹上パターン」現象を含めて，住居址内の覆土中から出土する遺物の評価をめぐって，住居廃絶時に遺されたもの以外は，すべてその住居とは関係のない住居廃絶後に投げ捨てられた「ゴミ」とする認識を示し，「吹上パターン」現象そのものを否定的にとらえる見解を明らかにしている（「竪穴住居出土遺物の一般的なあり方について」『古代集落の諸問題』1988）。

　そこで，竪穴住居の廃絶過程とそれと密接な関係をもつ出土遺物をめぐる評価について再論を試みてみた。住居址内覆土層形成のありかたを精緻に観察することを通じて住居の廃絶過程を明らかにさせ，その背後にひそむ縄文時代人のきわめて精神的な活動のありさまを追求していく問題意識が今後とも必要と考える。（山本暉久）

出原恵三
弥生から古墳へ
―前期古墳空白地域の動向―
考古学研究　40巻2号
p. 119～p. 139

　この論文は，前期古墳の空白地域である高知平野をモデルとして，何故前期古墳が存在しないのかという，歴史的必然性について述べたものである。

　前方後円墳の出現に象徴される古墳時代の成立は，弥生社会の構造的変革を伴った飛躍があったことは勿論であるが，同時にその質的転換が弥生社会の展開を歴史的前提として醸成されたこともまた贅言を要しない。高知平野は，南四国最大の平野であり，同じ四国島内にあって他の三県と比して遜色のない発展を遂げて来たところである。特に弥生後期末から古墳時代初頭にかけては，集落数が爆発的に増加し，著しい人口の増加が考えられる。このような展開に照応して高知平野には，最終段階の青銅祭器と言うべき広形銅矛や近畿式銅鐸が数多く持ち込まれ，南紀から阿南・南予，さらに豊後へと続く青銅器ベルト地帯を形成するのである。そしてこれらの地域で使用される土器は，一部の搬入品を除けばいわゆる伝統的第Ⅴ様式に席巻されている。

　翻って，弥生墳丘墓や古い前期古墳を数多く営んだ瀬戸内沿岸や徳島平野では，逸速く青銅器祭祀の終焉を迎え，古式土師器を指向した極めて規格性の強い土器が登場する。かかる現象の進行は，弥生後期社会の胎内にあって弥生社会とは相容れない新たな構成体が孵化しつつあったことを示すものである。

　西日本外帯に長く伸びる前期古墳の空白地域は，弥生時代的な諸関係に最後まで固執し続けた地域であり，伝統的第Ⅴ様式の盛行はその土台を，青銅祭器はその観念を，そして集落の激増はそのエネルギーを示していると言えよう。ここに前期古墳が存在しないという必然性が横たわっている。古墳の出現が遅れる地域を，単純に後進性として結論づけることはできない。古墳時代成立前後の西日本は，大きな二重構造を有していたと考えられる。　（出原恵三）

水野敏典
古墳時代後期の軍事組織と武器副葬
古代　96号
p. 74～p. 104

　本稿は，群集墳の武器副葬の階層性に当時の軍事組織の階層構造を見出す方法論の限界を提示し，先行諸説の止揚を目的として武器供給関係による間接的な軍事組織の把握を試みた。

　従来の諸説は，論じる軍事組織の規模や性格こそ異なっていたが，馬具を副葬するものが騎兵であるという原田大六以来の視点を基本的に踏襲していた。そこで，石上・豊田古墳群など12の群集墳について検討を行ない，いくつかの疑問を提起した。その中で，副葬武器は被葬者の軍装と一致せず，保有する武器類の一部が副葬

用に選択されたと考えた。馬具副葬の基準が不明な以上，馬具を副葬しない者が生前に馬に乗ってないとは断定できない。

武器副葬の階層性は，墳丘や石室規模と同様に群集墳造営集団内の秩序表現であり，副葬武器から所属する軍事組織の規模や構成を直接知ることは出来ない。

また，地域武装の存在は国造軍などの存在を必ずしも否定するものでなく，一つ地域での多様な軍事的紐帯を考えるべきであろう。想定される軍事組織の多くは一群集墳造営集団の規模を越えており，集団同士を繋ぐものが必要である。その一つとして武器供給を採りあげ，間接的に軍事組織を捉えようとした。

鉄鏃を採り上げ，長頸鏃の刃部形態の変遷と頸部長の変遷の相関から生産工房の違いを把握する方法論を提示し，群集墳が一つの単位となって供給を受けている事と，近接する二つの群集墳が同一工房からの連続的な供給を受けていない可能性を示した。鉄鏃供給の最小単位である群集墳造営集団を最小武装集団として捉え，先の二つの群集墳造営集団を相互に独立した武装単位として評価した。この武装単位が軍事組織の規模や性格に関わらずその基盤を為す。他の馬具や挂甲の供給に示される武装単位の重層的な結合の延長に，様々な軍事組織があるものと結論づけた。　　　　（水野敏典）

山本忠尚
若草伽藍非焼失論
論苑 考古学
p.531〜p.560

『日本書紀』天智9年の記載に従えば，法隆寺西院伽藍は670年以降に再建されたことになるが，金堂の建築様式はもっと古いとする考えも根強い。明治38年以来の再建非再建論争は，若草伽藍跡の発掘によって再建説で決着した。しかし，旧寺地を捨て，大規模な整地工事までして現在地に再建した，その理由と時期はいまだ明らかでない。

本論は，若草伽藍焼失説が掲げた赤色焼瓦，木炭破片，西院金堂須弥壇中の焼土，若草伽藍の塔心礎上面の罹災痕などが証拠として不十分であることを明らかにした。逆に金堂釈迦三尊像や玉虫厨子，命過幡など天智9年以前の遺品がかなり伝存しており，しかも発掘調査の結果，伽藍北方の僧坊周辺に火災の痕跡が集中するところから，全焼ではなく居住区域のみの被災を想定する。これは非再建論者として論争の口火を切った平子鐸嶺説に近い。すなわち「一屋無餘」の屋が住房の地の意で，推古18年に焼けたのは大衆院などの雑舎あるいは僧坊であり，火災は伽藍中心部までは及ばなかった，と。また，天智紀に編修上の疎漏が多いことは再建論者もが認める事実である。

ではなぜ若草を放棄し，西院へ移ったのか。火災後しばらく経って伽藍全体の改造が計画された。皇極2年(643)の上宮王家の滅亡も大きな要因であった。大化4年(648)食封300戸が施入され，計画は資材調達まで進んだと思われる。しかし，塔の心礎を据える段で中断。本来地下式の心礎が露出しているのはこのためである。若草の地は谷筋にあたり，大水の被害に遭ったためであろう。そこで西北の高台に場を変え工事再開，地理的制約のため時計回りに90度以上向きを変え，中門を南側面に開いた。高麗尺75尺という計画の基準は若草と変っていない。天武8年(679)に食封が停止されているので，この頃までに金堂は完成。塔を含め伽藍のすべてが整ったのは8世紀初頭であった。
　　　　（山本忠尚）

三宅敏之
銅板経雑攷
古代世界の諸相
p.79〜p.94

経典を銅板に鏤刻したものを一般に銅板経と呼んでいる。その遺例は少ないが，主として埋納経典の一種として12世紀頃に作製されたものとされている。石田茂作氏の「我国発見の銅板経に就いて」(昭和17)と，小田富士雄氏の「古代の求菩提山とその信仰」(昭和54)は，今日，銅板経全般について説かれた基礎文献と言えよう。ところで，上記の両論文に挙げられていないもので，銅板経を考える上で参考になろうかと思われるものが，管見ながら文献資料を含めて若干見られる。そこで，これらの銅板経関係の資料を，1銅板経の遺品(7例)，2銅板経に準ずる遺品(3例)，3記録に見える銅板経と考えられる品(6例)に分け，それぞれの概要を紹介した上で，その納置場所などから銅板経の用途について検討を試み，その結果，銅板経は必ずしも単一の目的にのみ使用されたのではなかったろうと推考したのが小稿である。

まず，上記の16例を，一応その使用目的から，1堂塔内安置品，2副葬品，3鎮壇具，4土中品（経塚など），5窟内納置品，6石塔納置品，7不明品に分けてみた。1には東大寺南阿弥陀堂(984以前)・鳥羽三重塔(1109)・彦山上宮宝殿(1145)・金峯山(12世紀)があり，2には源賢子陵(1085)・待賢門院陵(1145)・白河天皇陵が，3には仁和寺金堂(1135)，4には奈良博編『経塚遺宝』記載品(1114)・比叡山四明岳(1121)・長安寺(1141)・比叡山横川(12世紀)・宝鏡寺(1222以降)がみられ，5には求菩提山(1142)，6には大報恩寺(1718)がある。また，7は菩提山(1115)—『平安遺文』記載品—であるが，これは真偽も不明である。

以上数少ない例からではあるが銅板写経は10世紀にはすでに見られ，その使用目的もかなり広く，ある特定の用途にのみ作製されたものではなかったことが窺えようかと思う。なお，墨書した例もあったようである。　　　（三宅敏之）

●報告書・会誌・単行本新刊一覧●　編集部編

◆**上敷免遺跡**　埼玉県埋蔵文化財調査事業団刊　1993年3月　B5判　1216頁

埼玉県北部の深谷市に所在する遺跡で，利根川支流の小山川と福川に挟まれた自然堤防上の微高地に立地する。縄文～歴史時代の遺跡で，縄文時代は土坑1基，集石1基が確認された。縄文後・晩期の土器が大量に出土しており，浮線文系土器とそれに伴い東海系土器群が多く見られるほか埼玉県初の出土例である遠賀川式土器が注目される。弥生時代は中期の住居跡4軒が確認された。古墳時代以降の住居跡は274軒で，古墳時代前期から10世紀代の集落展開の様相が確認されている。古墳時代中期後半から後期後半が集落の最盛期であり，在地首長墓としての埼玉古墳群の形成期と時期を同じくしている。また古墳時代後期の子持勾玉状石製品や土製模造鏡など祭祀遺物も見られる。

◆**下森鹿島遺跡発掘調査報告書（先土器時代編）**　下森鹿島遺跡発掘調査団刊　1993年9月　A4判　234頁

相模原市東南部に位置する本遺跡は，相模原台地上の境川を見下ろす段丘面に立地する。段丘面上で確認された3ヵ所の遺跡の内B地区からは3層の文化層が認められ，遺物集中部としてユニット56ヵ所，礫群19ヵ所が確認された。石器は，第Ⅰ文化層から783点出土し，スクレイパーが主体をなす。第Ⅱ文化層からは726点出土し，尖頭器とナイフ形石器が主体をなす。第Ⅲ文化層からは498点出土し，ナイフ形石器が主体をなす。また自然科学調査としてローム層断面の土壌組成を分析し，火山灰編年上の問題の検討も行なっている。

◆**一の谷中世墳墓群遺跡**　磐田市教育委員会刊　1993年7月　A4判　1498頁

静岡県西部，天竜川の東岸の磐田市に所在する中世墳墓群の発掘調査報告書。遺跡は磐田市内に広がる磐田原台地南部の一角に位置し，標高28～35mの小丘陵上に南北約210m，東西約110mの規模である。この範囲内から墓888基，火葬遺構46基，集石遺構104基，土坑197基，溝14条の遺構が見つかっている。このうち本遺跡の主体をなす墓は塚墓，「コ」の字形区画墓，集石，土坑墓の4種類で，墓の造営期間は13世紀初頭から17世紀初頭までの約400年である。出土遺物は骨蔵器・かわらけ・山茶碗・石塔・釘・和鏡などがある。本遺跡は遠江国守護所の置かれた見付との関係が指摘されており，被葬者は町の有力者層と想定されている。

◆**大和宇陀地域における古墳の研究**　宇陀古墳文化研究会刊　1993年7月　A4判　326頁

奈良県大和盆地東南の山間部である宇陀地方の3基の古墳の報告書。北原西古墳は5世紀後半の割竹形木棺を有する全長30mの前方後方墳である。この調査により宇陀における前方後円(方)墳の出現は中期後半以降であるとする認識が改められた。ダケ古墳は6世紀前半代の横穴式石室の影響を受けた竪穴式石室が，またワラ田古墳は長径17m，南北12mの楕円形墳で北部九州系の横穴式石室2基と箱式木棺1基を内部主体とする6世紀中葉の古墳であることが明らかにされた。他に古墳時代仿製鏡製作年代試考，宇陀地方の地域首長墓の系譜，宇陀地域の前方後円墳の築造企画試論などの論考を掲載する。

◆**古代世界の諸相**　角田文衞先生傘寿記念会刊　1993年9月　A5判　579頁

縄文人の心の解読に向けて
　　　　　　　　……………上野佳也
カマドの採用と普及……宮崎幹也
京都府宇治市木幡古墳群の意義
　　　　　　　　……………山田邦和
山城国紀伊寺……………江谷　寛
院政期における播磨の瓦
　　　　　　　　……………寺升初代
銅板経雑攷………………三宅敏之
山岳寺院の諸問題………坂詰秀一
山うるわしく水清き平安京
　　　　　　　　……………杉山信三
柳之御所跡出土の御簾編み用錘について……………………渡辺　誠

◆**二十一世紀への考古学**　櫻井清彦先生古稀記念会刊　1993年2月　B5判　476頁

石器製作における加熱処理
　　　　　　　　……………御堂島正
土器容積の計算法と器体積
　　　　　　　　……………小川貴司
堀之内2式土器の属性分析
　　　　　　　　……………長岡史起
縄文時代における竪穴住居の廃絶と出土遺物の評価……山本暉久
伊川津貝塚における水産資源の空間的開発パターン……樋泉岳二
縄文時代の多摩川地域文化
　　　　　　　　……………十菱駿武
高床倉庫群の成立………平野吾郎
大宮台地における弥生後期土器
　　　　　　　　……………笹森紀己子
韓国出土の弥生土器……片岡宏二
多摩川中・下流域左岸の埴輪
　　　　　　　　……………寺田良喜
関東から東北へ…………長谷川厚
群馬県の子持勾玉……佐々木幹雄
竈神の祭祀………………渡辺康弘
七つ甕と銭貨……………荒川正夫
横浜中華義荘……………岸上與一郎
北奥「大木10式並行土器」の編年
　　　　　　　　……………柳澤清一
大洞C2式土器の細分とネガ文様
　　　　　　　　……………高橋龍三郎
北海道における縄文時代晩期末土器群に関する一考察…久保勝範
東北北部の続縄紋期の土器
　　　　　　　　……………高橋信雄
続縄文時代後北期から擦文時代初頭の土壙墓について…田才雅彦

◆**論苑考古学**　坪井清足さんの古

稀を祝う会刊　1993年4月　Ａ5判　968頁
西日本の縄文時代落し穴猟
　　　　　………………稲田孝司
埋葬にかかわる遺物の出土状態から見た縄文時代の墓葬礼
　　　　　………………岡村道雄
縄文集団における2者の対立と合一性………………小林達雄
縄文集落の住居配置はなぜ円いのか………………丹羽佑一
曾畑式土器の紋飾変遷について
　　　　　………………中村友博
曲田Ⅰと八幡………林　謙作
遠賀川式土器の成立をめぐって
　　　　　………………家根祥多
西部瀬戸内における出現期弥生土器の様相………下條信行
多視点画から一視点画へ
　　　　　………………佐原　真
器壁中の接合痕跡について
　　　　　………………高橋　護
刷毛目板の形状について
　　　　　………………横山浩一
三角縁神獣鏡研究略史…田中　琢
古墳時代首長の政治拠点
　　　　　………………都出比呂志
埴輪の椅子………本村豪章
天日槍伝承と鉄………原口正三
「不破道を塞ぐ」考……八賀　晋
若草伽藍非焼失論………山本忠尚
筑紫観世音寺出土の軒瓦
　　　　　………………栗原和彦
古代尾張における寺院経営
　　　　　………………森　郁夫
筑前国分寺軒瓦考………石松好雄
山城国綴喜郡神奈比寺跡について
　　　　　………………高橋美久二
「名」とまじなひ………水野正好
渡来銭から古寛永通宝へ
　　　　　………………鈴木公雄
朝鮮半島北部の塼室墓について
　　　　　………………田村晃一
高庄墓出土の画象紋について
　　　　　………………金関　恕
戦国時代の耳杯………町田　章
長方形板石硯考………吉田恵二
独孤信墓誌と独孤開遠墓誌
　　　　　………………秋山進午
モンゴル旧石器研究の現況
　　　　　………………加藤晋平

觸地印の坐佛を容れたストウーパ
　　　　　………………桑山正進
◆古文化談叢　第30集　古文化談叢発刊20周年・小田富士雄代表還暦記念論集　1993年8月　Ｂ5判　1420頁
構築技法の研究から想像復元案の再検討へ………山本輝雄
「福田系」銅鐸の系譜的展開について………………竹内尚武
中国河北省易県燕下都44号墓
　　　　　………………神谷正弘
筑紫における刻線を有する須恵器と土師器………中村　勝
福岡県春日市所在日拝塚古墳出土須恵器について………中村　浩
破鏡の出現に関する一考察
　　　　　………………藤丸詔八郎
高句麗社会階層の研究…木村光一
縄文時代後期から晩期の石器技術総体の変化とその評価
　　　　　………………吉留秀敏
四隅突出型墳丘墓について
　　　　　………………妹尾周三
柳井田式の壺形土器……中村友博
長崎県脇岬貝塚の自然環境の復元
　　　　　………………山本愛三
西北九州の「板石積石室墓」
　　　　　………………正林　護
山口県菊川町所在上原遺跡出土弥生土器………………富士埜勇
聖徳太子御廟叡福寺出土の古瓦
　　　　　………………竹谷俊夫
山口県東部（周防）弥生前期土器編年………………山本一朗
新羅の墓制変遷と紀年問題
　　　　　………………姜　仁求
前期古墳における副葬品の左右配置関係………………轟　次雄
九州の縁帯文土器………水ノ江和同
陝川玉田出土の環頭大刀群の諸問題………穴沢味光・馬目順一
「漢委奴國王」金印と弥生時代の文字………………梶山　勝
美作間山瓦経………間壁忠彦
宗像郷土館の研究………花田勝広
九州における古代寺院の塔について………………石松好雄
横穴発生過程についての覚書
　　　　　………………橋口達也
朝鮮式山城の源流についての初歩的探求………………西川　宏
新羅印花文陶器変遷の画期
　　　　　………………宮川禎一
唐代塔基地宮と金銀舎利容器
　　　　　………………長谷川道隆
型式の再考察………河口貞徳
木製人形年代考（上）……大平　茂
北九州市・上清水遺跡出土の石包丁………………柴尾俊介
山東臨淄斉国故城の実測図
　　　　　………………関野　雄
讃岐地方の竪穴式石室石材の原産地推定………………白石　純
九州出土の皇朝十二銭……櫻木晋一
近畿地方における青銅器生産の諸問題………………三好孝一
北部九州の瓦器生産……森　隆
豊地方における古墳時代前・中期の首長層の動向について
　　　　　………………清水宗昭
愛媛県玉川町法界寺の横口式石槨
　　　　　………………正岡睦夫
桜井市内出土の統一新羅時代土器の新例………………清水眞一
韓日古代城門礎石初探
　　　　　………………成周鐸・車勇杰
考古学から見た渡来人…亀田修一
旧豊前国企救郡蒲生郷の故地
　　　　　………………梅崎恵司
多変量解析による須玖式広口壺の型式分類………中園　聡
胸形君と古墳群雑考……佐田　茂
大宰府成立期の遺構と遺物
　　　　　………………狭川真一
紀伊における土器製塩の現状と課題………………冨加見泰彦
須恵器有蓋三足壺考……嶋田光一
山口県防府市天神山古墳出土の遺物について……桑原邦彦
韓国出土の須恵器類似品
　　　　　………………酒井清治
吉備津彦伝承考………出宮徳尚
高句麗壁画の地軸像……南　秀雄
東九州内陸部の弥生時代前期の様相………………坂本嘉弘
温帯森林の初期定住……雨森瑞生
豊前地域の縄文後期住居跡
　　　　　………………小池史哲
弥生期の自然環境序説…木下　巧
古墳の築造年代について
　　　　　………………土生田純之

103

弥生時代の鉄と鉄器製作技術
　　　　　　　　……佐々木稔
先史時代の沖縄本島におけるヒト
　の適応過程………高宮広士
角閃石安山岩削石積石室の成立と
　その背景………右島和夫
青銅器の鉛同位体比の解釈につい
　て………馬淵久夫
金属学的解釈からみた九州北部地
　域における中世出土鉄器の製法
　と流通……赤沼英男・佐々木稔
縄文後晩期農耕論への断想
　　　　　　　　……武末純一
橘牟礼川遺跡の「被災」期日をめぐ
　る編年的考察………下山　覚
「満洲国・康徳十一年」の考古事情
　　　　　　　　……坂詰秀一
墨書土器，ヘラ書き土器と硯に関
　する一考察………佐藤浩司
朝鮮先史時代の漁撈関係自然遺物
　　　　　　　　……甲元真之
中国新石器時代の戦争…岡村秀典
ブリテン島青銅器時代における火
　葬習俗導入の社会的意義
　　　　　　　　……溝口孝司
楚墓の基礎的研究………山下志保
桜井茶臼山古墳の五輪塔形石製品
　について………町田　章
鞠智城跡から検出された建物跡に
　ついて………大田幸博
「銅の唐団扇」を出土した古墳
　　　　　　　　……牛嶋英俊

◆岩手考古学　第5号　岩手考古
学会　1993年8月　B5判 45頁
岩手県にみられる後北式土器と在
　地弥生土器について…斎藤邦雄

◆貿易陶磁研究　No.13　日本貿
易陶磁研究会　1993年9月　B5
判　186頁
墳墓にみる供献形態の変遷とその
　背景………狭川真一
中世前期における土葬墓の出土供
　膳具の様相………橘田正徳
近江中世の土壙墓と輸入陶磁器に
　関する若干の検討
　　　　………勝見（坂田）孝彦
百済の地方支配と中国陶磁器
　　　　　　　　……門田誠一

◆考古学雑誌　第79巻第1号　日
本考古学会　1993年9月　B5判
128頁

加熱処理による石器製作
　　　　　　　　……御堂島正
自由画風線刻壁画人物像にみる六
　朝文化類型………森貞次郎
中国先史時代の鼎類土器の展開
　　　　　　　　……李　権生

◆立正考古　第32号　立正大学考
古学研究会　1993年3月　B5判
94頁
考古学報道を考える……坂詰秀一
東北横穴墓の埋葬様式…池上　悟
比企地方における胴張りを有する
　横穴式石室の一様相…大谷　徹
総における古墳時代後期の埋葬施
　設の研究………上野恵司

◆古代　第96号　早稲田大学考古
学会　1993年9月　A5判 158頁
「向ノ原B式土器」の再吟味
　　　　　　　　……鈴木正博
『日本先史土器図譜』以前の列島
　縄紋式編年の原案……柳澤清一
古墳時代中期における大刀の系譜
　　　　　　　　……大橋泰夫
古墳時代後期の軍事組織と武器副
　葬………水野敏典

◆西相模考古　第2号　西相模考
古学研究会（小田原市寿町 5-14
-21 寿ハイツ103　大島慎一方）
1993年9月　B5判　78頁
西相模における五世紀の社会構成
　　　　　　　　……比田井克仁
鶴見川流域の外来系土器点描
　　　　　　　　……西川修一
推論・方形周溝墓の立面形態
　　　　　　　　……立花　実

◆山梨県考古学協会誌　第6号
山梨県考古学協会　1993年9月
B5判　102頁
黒曜石原石格納の土器と黒曜石に
　ついて……奈良泰史・保坂康夫
山梨県下出土縄文土製蓋覚書
　　　　　　　　……大嶌正之
山梨県における稲作関連遺跡調査
　の現状………中山誠二
山梨県における出土硯をめぐる現
　状と課題………猪股喜彦

◆名古屋大学文学部研究論集　史
学39　1993年3月　B5判 224頁
縄文時代の片口付き土器
　　　　　　　　……渡辺　誠
縄文時代の乳棒状敲石…山本直人

◆福井考古学会会誌　第11号　福
井考古学会　1993年8月　B5判
99頁
丹生古窯跡群佐々生支群出土資料
　を中心とした若干の考察
　　　　　　　　……水村伸行
中世西日本における国産貯蔵容器
　の分布………荻野繁春

◆研究紀要　2　斎宮歴史博物館
（三重県多気郡明和町竹川 503）
1993年3月　B5判 61頁
文献より見た斎宮の構造について
　の覚書………榎村寛之
斎宮の黒色土器………大川勝宏
斎宮跡出土の軒瓦………田中久生
縄文時代早期における石鏃形態と
　その変遷………久保勝正
伊勢地方における官系瓦の分布
　　　　　　　　……竹内英昭
「泥塔」小考………伊藤久嗣

◆古代文化　第45巻第7号　古代
学協会　1993年7月　B5判 60
頁
進歩と進化（下）………安斎正人
東シベリア後期旧石器時代の骨角
　製槍先について………加藤博文

◆古代文化　第45巻第8号　1993
年8月　B5判 58頁
武器の所有形態からみた常備軍成
　立の可能性について（上）
　　　　　　　　……田中晋作
5～6世紀における集落祭祀の一
　様相………後神　泉

◆古代文化　第45巻第9号　1993
年9月　B5判 62頁
12世紀平泉の都市景観の復元
　　　　　　　　……本澤慎輔
平安京出土瓦から見た平泉出土瓦
　の年代………江谷　寛

◆古代学研究　129号　古代学研究
会　1993年7月　B5判 49頁
「魏志」倭人伝の海上里程と『南
　州異物志』………篠原俊次
能勢の銅山………前田豊邦

◆ヒストリア　第140号　大阪歴
史学会　1993年9月　A5判 115
頁
四天王寺古代瓦の再検討
　　　　　　　　……網　伸也

◆考古学研究　第40巻第2号　考
古学研究会　1993年9月　A5判

144頁
「角」とよばれる釣針について
　………………………中村　勉
弥生から古墳へ…………出原恵三
◆研究輯録Ⅲ　広島県埋蔵文化財調査センター　1993年5月　B5判　46頁
列石をもつ古墳―広島県内の調査例を中心に……………恵谷泰典
古代アナトリアの彩文土器からの私的展開………………松崎　哲
◆古代木簡の基礎的研究　鬼頭清明著　塙書房刊（東京都文京区本郷6―8―16）　1993年2月　A5判　513頁　8,034円
木簡研究の成果と方法から書風，荷札木簡，文書木簡について述べ，史料論にもふれる。
◆古墳時代須恵器の編年的研究　中村浩著　柏書房刊（東京都文京区本駒込1―13―14）　1993年7月　A5判　300頁　3,800円
穀塚古墳や海北塚古墳など東京国立博物館収蔵の須恵器の本格的調査の成果を中心に，須恵器編年の研究史，系譜の問題を論ずる。
◆十二歯考―歯が語る十二支の動物誌　大泰司紀之著　医歯薬出版刊（東京都文京区本駒込1―7―10）1993年4月　B5判　116頁　2,500円
十二支に登場する動物の歯を中心に，暮らし方や人とのかかわりについて綴る。
◆琉球の城　名嘉正八郎著　アドバイザー刊（沖縄県那覇市壺川218）　1993年8月　B5判　242頁　3,800円
沖縄県の文化財行政に長年携わってきた著者がこれまでに発表したグスクに関する主論文15編。
◆古代の南武蔵―多摩川流域の考古学　村田文夫著　有隣堂刊（横浜市中区伊勢佐木町1―4―1）1993年5月　新書判　215頁　980円
古墳・火葬墓・寺院の文化が重層的に展開する南武蔵の古代史を発掘調査をもとに解明。
◆発掘のロマン最前線　田辺征夫編　毎日新聞社刊（東京都千代田区一ツ橋）　1993年6月　四六判　247頁　1,500円
毎日中学生新聞の連載をもとに旧石器時代から近代まで最新の発掘成果を多角的にとり上げる。
◆探訪・江戸大名旗本の墓　河原芳嗣著　毎日新聞社刊　1993年11月　四六判　354頁　2,800円
前作『江戸・大名の墓を歩く』に次ぐ江戸大名墓採査録。江戸の御府内をはじめ隣接県に存在する大名の墓をも探る労作。江戸の考古学研究にとって参考となる書。
◆原日本人―弥生人と縄文人のナゾ（朝日ワンテーママガジン14）朝日新聞社刊（東京都中央区築地5―3―2）　1993年10月　A5判　254頁　1,300円
縄文人と弥生人の骨と歯，環境などからさぐる日本人起源論。
◆日本神話の考古学　森浩一著　朝日新聞社刊　1993年8月　四六判　236頁　2,000円
国生み，三種の神器，出雲・日向，神武東征など日本神話に秘められた古代史の謎を考古学の成果から解く。
◆古代日向の国（NHKブックス665）　日高正晴著　日本放送出版協会刊（東京都渋谷区宇田川町41―1）　1993年4月　四六判　254頁　890円
皇祖神話の国―古代日向に存在する西都原古墳群の調査と保存整備を長年にわたって担当してきた著者の見解を記紀を対比しながら平易に書き綴った書。
◆騎馬民族は来なかった（NHKブックス658）　佐原真著　日本放送出版協会刊　1993年9月　四六判　231頁　830円
騎馬民族征服王朝説に比較文化史の視点から論駁する。
◆考古学千夜一夜　佐原真著　小学館刊（東京都千代田区一ツ橋2―3―1）　1993年7月　四六判　222頁　1,500円
騎馬民族渡来否定論をはじめ，吉野ヶ里や邪馬台国の問題についての見解，そして服飾と花をめぐる考古学の視角によるユニークな所見を収める。巻尾の千夜一夜は著者ならではの秀逸な文化論。平和を考え，文化を論じる知的な読み物。
◆継体大王と尾張の目子媛　網野善彦・門脇禎二・森浩一編　小学館刊　1994年3月　四六判　250頁　2,200円
春日井市の市制50周年を記念して行なわれた古代史シンポジウムの記録。考古学的資料による濃尾研究の現状をもとに論じられた討論の記録。
◆珊瑚島の考古学―中部太平洋キリバス共和国調査記　高山純・甲斐山佳子著　大明堂刊（東京都千代田区神田小川町3―22）　1993年6月　A5判　230頁　3,708円
キリバス発掘9年の成果をまとめたもの。ミクロネシア人とポリネシア人の起源問題に迫る。
◆伽耶と古代東アジア　小田富士雄・西谷正・申敬澈・安在晧・宋桂鉉・金斗喆・東潮・武末純一著　新人物往来社刊（東京都千代田区丸の内3―3―1）　1993年11月　A5判　388頁　4,200円
現在問題となっている伽耶文化の実態を古代の東アジアの中で位置づけようとする日韓考古学者の協同研究の成果をまとめた書。
◆シンポジウム古代東国仏教の源流　金井塚良一ほか　新人物往来社刊　1994年3月　四六判　194頁　2,200円
1989年11月に開催されたシンポジウムの記録。永井路子「東国と最澄―緑野寺（浄法寺）を中心に―」などを収める。東国の古代仏教を考古学の視点で考える記録集
◆京の夕映え　角田文衞著　東京堂出版刊（東京都千代田区神田錦町3―7）1993年9月　四六判　298頁　3,200円
『京の朝晴れ』（著者古稀のとき）に続く書。古代学を提唱し，東西に活躍する著者の傘寿の自祝録の一つ。考古学史の史料としても貴重。
◆よみがえった平安京―埋蔵文化財を資料に加えて　杉山信三著

人文書院刊（京都市伏見区竹田真幡木町39―5）　1993年6月　A5判　214頁　2,575円

平安京跡発掘60年の著者が，発掘の成果を踏まえて論じた平安京論。平安京建都1,200年を迎えたいま，地下資料をもとに平安京を考える貴重な書。

◆図説平安京―建都400年の再現　村井康彦編　淡交社刊（京都市北区堀川通鞍馬口上ル）　1994年2月　B5判　94頁　1,800円

京都1200年の歴史をカラー図版を豊富に用いて説く好著。最新の発掘状況を紹介しながら平安京研究の現段階を展望している。平安京跡の調査状況を知ることのできる写真中心の概説書として重宝。

◆古代史探検―京・山城　佐原真・平良泰久・奥村清一郎・石井清司・杉本宏著　京都書院刊（京都市中京区堀川通り三条上ル）1994年1月　A5判　159頁　2,300円

京都府南部のさまざまな時代の遺跡を発掘担当者がやさしい言葉で綴るガイドブック。

◆天皇陵を発掘せよ―大古墳の研究はなぜ必要か　石部正志・藤田友治・古田武彦著　三一書房刊（東京都文京区本郷　2―11―3）1993年1月　新書判　326頁　950円

天皇陵の保護と調査，史料批判を高唱し，天皇陵の解明の歴史的な意味を考える。タイトルは一寸センセーショナルだが，古墳研究の一つの視点を提示したもの。

◆東京の遺跡散歩　東京都教育庁生涯学習部文化課編　東京都情報連絡室都政情報センター管理室刊（東京都新宿区西新宿2―8―1）1993年3月　四六判　208頁　500円

東京の遺跡を各地域に分けて豊富な写真入りで解説したもの。遺跡歩きに便利な一書。

◆新宿内藤町遺跡に見る江戸のやきものと暮らし　新宿内藤町遺跡調査会編　東京都建設局・新宿区内藤町遺跡調査会刊　1993年3月　A4判　95頁

平成元年調査が行なわれた近世陶磁器の出土では都内屈指の内藤町遺跡の成果の概要。

◆考古学の散歩道（岩波新書312）田中琢・佐原真著　岩波書店刊（東京都千代田区一ツ橋2―5―5）1993年11月　新書判　230頁　580円

最新の情報を駆使して考古学の現段階を説く刺激的な一書。新しい動きを知るために必要な知識を提供している。

◆遺跡保存を考える（岩波新書318）椎名慎太郎著　岩波書店刊　1994年1月　新書判　212頁　580円

遺跡の保存問題を法学者の立場から論じてきた著者の見解を平易に述べた書。当面する保存問題について考えさせられる内容を盛っている。

◆弥生の王国―北九州古代国家の奴国の王都（中公新書1171）鳥越憲三郎著　中央公論社刊（東京都中央区京橋　2―8―7）　1994年1月　新書判　236頁　740円

奴国の都と推定する吉武高木遺跡（福岡県）などの実態を通して邪馬台国成立の前夜について独自の見解を披瀝し，「弥生時代早期」の時代区分を提唱。

▲日本人と弥生人―その謎の関係を形質人類学が明かす―（NOON BOOK）　松下孝幸著　祥伝社刊（東京都千代田区神保町3―6―5）1994年2月　新書判　252頁　1,200円

土井ヶ浜遺跡（山口県）の300体の弥生人骨を主役として日本人の源流問題を追究する興味あふれる書。日本人のルーツ探しに関心をもつ人にとって必読の一書。

◆幻の加耶と古代日本（文春文庫ビジュアル版）　文芸春秋編　文芸春秋刊（東京都千代田区紀尾井町3―23）　1994年1月　A6判　245頁　680円

座談会，探訪記などをもまじえ豊富な写真で多角的にとらえる日韓古代史。

◆鉄の古代史　2古墳時代　奥野正男著　白水社刊（東京都千代田区神田小川町　3―24）1994年1月　四六判　446頁　3,800円

既刊の1弥生時代に続く著者の鉄器研究の第2冊目。3世紀後半から5世紀にかけての鉄資料，とくに武器・武具・農工具の変遷・分布のあり方を集成した労作。

◆石棺から古墳時代を考える　間壁忠彦著　同朋舎出版刊（京都市中京区新町通四条上ル小結棚町428）　1994年1月　四六判　252頁　2,500円

石棺研究20年の著者が石棺の型と材質を検討し，古墳時代の地域的勢力の状況を鋭く分析する。

◆日本土器製塩研究　近藤義郎編　青木書店刊（東京都新宿区早稲田鶴巻町　538）　1994年3月　A5判　710頁　18,500円

縄文時代～平安時代，青森県～沖縄県の製塩遺跡の現状を41人の研究者がそれぞれの地域を分担して論じた土器製塩研究の最新成果

◆東は東，西は西―文化の考古学（平凡社選書151）　藤本強著　平凡社刊（東京都千代田区三番町3）　1994年3月　四六判　278頁　2,575円

農耕の地域差を自然環境の相異にもとづいて考察した文化論。自然と人間との対応を考古学の視点から論じたユニークな著作。

◆北日本の考古学―南と北の地域性―　日本考古学協会編　吉川弘文館刊（東京都文京区本郷7―2―8）　1994年3月　四六判　248頁　2,200円

日本考古学協会1991年度大会の記録。「縄文」と「城柵」をテーマに「北部日本の南北問題」を考えたシンポジウムの成果を収める

◆図説邪馬台国物産帳　柏原精一著　河出書房新社刊（東京都渋谷区千駄ケ谷2―32―2）　1993年1月　A5変形判　95頁　1,500円

青銅器の鋳造技術，年輪年代など科学的手法による古代の解明。『科学朝日』の連載を単行本化。

考古学界ニュース

編集部編

――――― 沖縄・九州地方

沖縄編年貝塚時代中期の農耕跡 宜野湾市教育委員会が発掘調査を行なった市内の米軍普天間基地内の上原濡原（うえはらぬーりばる）遺跡で，貝塚時代中期（縄文時代晩期〜弥生時代前期）に相当する農耕跡がみつかった。農耕跡は当時の谷底凹地にあたる長さ50m，幅7mの調査トレンチから検出され，規則正しく同一方向に並ぶ3列の畝間状の溝（長さ約4m，幅60cm）と，それに一部重なる同様の4列の溝があることから，いずれも畑の耕作面と考えられている。しかも溝列の切り合いから複数回も耕作した常年畑と推定される。さらに貯蔵穴（直径84cm，深さ170cm）や用水池（直径110cm，深さ210cm）とみられる土坑が2基，用排水溝とみられる2本の溝，性格不明の2面の焼土面が確認されている。遺物としては中期の土器2個体と石庖丁形石器・砥石などを含む約30点の石器が出土した。

弥生前期後半の木製盾 弥生時代の大規模な多重環濠集落跡がみつかり，一支国の中心遺跡とみられている長崎県壱岐の原の辻遺跡で弥生時代前期後半の木製盾の一部が発見された。長崎県教育委員会と芦辺町・石田町教育委員会合同による調査では，先に環濠の中から弥生時代後期の銅鏃22点が出土し，倭国大乱に関連するものとみられているが，今回前期の盾が発見されたことにより，すでに前期にまで戦争がさかのぼって存在したことが知られるに至った。盾は現存長10.4cm，幅7.4cm，厚さ1.1cmで，直径1.5〜6mmの穴が21ヵ所開けられており，紐で綴じた痕跡があった。全体の長さはもと1m以上あったとみられ，また表側が赤く塗られていることから祭祀用に使われた可能性もある。なお環濠は中に水が流れていたことがわかり，防禦以外に水田の用排水路としても利用されていたとみられる。さらに環濠から水を引いた弥生時代中期から後期にかけての洗い場もみつかっている。

吉野ケ里に大型建物跡 佐賀県教育委員会が発掘調査を行なっている同神埼郡の吉野ケ里遺跡で，北側にある第2環濠集落（北内郭）跡の内濠に囲まれた中央部から弥生時代後期後半の高床式大型建物跡が発見された。柱穴は直径40〜50cmで，9基確認されたがもとは16基あったとみられる。深さは最大で1.2mあり，内側の4基は床を支えた束柱とみられることから，建物は一辺12.5mの正方形，二重三層で，高さも17mほどあったと推定されている。宮殿的な建物あるいは祭殿とも考えられる。第2環濠集落は三重の濠で囲まれており，内濠は左右対称の馬蹄形をなす。南側の環濠集落とは性格が異なって同時期の竪穴住居跡はほとんど発見されず，2ヵ所の張り出し部分に物見櫓跡が検出されただけで，カギ型の出入口が設けられ，極めて閉鎖的な空間であることがわかった。また内部から中広形の銅戈が完形のまま単独でみつかった。長さ約38cm，最大幅約14cmで，古い溝の埋土を楕円形に掘り込んだ穴に，切っ先を北東に向けて水平に埋められていた。

メノウ製石器が数万点 福岡県三井郡北野町教育委員会が発掘調査を行なった同町赤司の良積遺跡で，弥生時代前期の原石や未成品を含むきわめて珍しいメノウ製石器数万点が出土した。石器がみつかったのは弥生時代前期の2軒の竪穴住居跡および工房跡とみられる土壙からで，住居跡に付属する長径1mほどの楕円形の土壙には作業台として使ったらしい平らな石もあった。石器は石鏃と石錐に使われた可能性があり，いずれも5cm以下のもの。加工のし易さや鋭利さで黒曜石より劣るメノウを短期間のみ使用した理由は不明だが，佐賀県伊万里産とみられる黒曜石の供給が何らかの理由で途絶えたため代用品として使ったことも考えられる。同遺跡は弥生時代後期から古墳時代前期にかけての竪穴住居跡40軒や同時期を大部分とする井戸跡124基，弥生時代前期〜中期前葉の環濠2本と弥生時代後期〜古墳時代初頭の二重環濠などがみつかり，縄文時代後期から平安時代までの複合遺跡とみられている。

縄文晩期の高床式倉庫群 福岡県糸島郡二丈町教育委員会が発掘を行なった同町上深江の上深江・小西遺跡から縄文時代晩期後半の大型高床式倉庫群とみられる柱穴がみつかった。倉庫跡は東西方向に極端に細長い構造のもの計5棟で，最大規模の2棟は長さ約13m，幅約2mで，根元が残っていた柱は直径25〜30cmある。湿地に立地し，柱が太いことや建物が細長く住居とは考えにくいことから，種籾などを貯蔵した高床式の倉庫とみられる。なお同遺跡から川を挟んで約1km離れた曲り田遺跡では同じ縄文時代晩期後半の稲作集落が確認されている。

――――― 中国地方

古墳期の水・海の祭祀 島根県隠岐郡西ノ島町美田の兵庫（へいご）遺跡で隠岐島前教育委員会による発掘調査が行なわれ，古墳時代に祭祀に使われたとみられる土器類や水晶製勾玉，タイなどの魚骨が発見された。出土した遺物は土師器や須恵器の高坏，坏など200点以上とミニチュアの土器類約50点。また装飾品には水晶製勾玉2点，めのう製勾玉2点，ガラス製玉，土製丸玉など100点以

107

考古学界ニュース

上があり，鯨の椎骨など6点とマダイの顎骨や歯，それにモモンガのような小動物の歯など動物の骨類も含まれていた。発掘された遺構の中に水が湧き出たとみられる土穴が3ヵ所みつかっていることから，水に関する神を祭った跡とみられる。また同遺跡の西方約500mには美田湾があり，日本海が広がっていることから海の祭祀遺跡である可能性もある。古墳時代の祭祀に使われた内容がわかったのは例がなく注目される。

全長7.2mの縄文丸木舟 湖山池の南に位置する鳥取市桂見の桂見遺跡（ハツ割地区）で，鳥取県教育文化財団による発掘調査が行なわれ，縄文時代後期中葉から同晩期初頭にかけての大型の丸木舟が発見された。舟は全長7.24m，最大幅0.74mの大きさで，両舷の一部が破損しているが，鰹節形とよばれる船型。直径80cmほどの杉を石斧を使って割り抜いて作ったらしい。近くからは7〜8cmの大きさの石錘が2点出土している。また約250m離れた地点で昭和51年に発掘調査がなされた時も，舟の櫂（長さ1.34m）が出土している。その後の調査で舟の舳先に直径4cmの人工的にあけられた穴があることがわかった。帆を立てた穴とか水抜きの穴とは考えられないことから，舟が使用されなくなってからのものと推定される。

――――――四国地方

神社所蔵の銅剣に絵画 高知県香美郡野市町兎田の兎田（うさいだ）八幡宮に伝世されていた細形銅剣にシカやサギなどの絵が描かれていることが最近の調査でわかった。銅剣は35年前に火事で焼けたため鋒部を欠いているが，残存部は長さ23cm，幅約4cm。銅剣の最も古い形態で，絵は両面右側翼部の刳込部から関部にかけて長さ7.5cmにわたって突画的手法で描かれており，表はシカ，シカ，サギ，サギ（下半部のみ），裏は関部側からサギ，カエル，カマキリの順になっている。いずれも農耕に関連する絵で，古い銅鐸の表現とも共通しており，弥生時代前期末から中期初頭にかけてのものと推定され，畿内で製作されたものらしい。銅鐸の中心地で銅剣も作られ，しかも初期の細形銅剣に祭器の性格が備わっている点が興味深い。

弥生の剣形木製品 高松市多肥上・下町にまたがる多肥松林遺跡で香川県埋蔵文化財調査センターによる発掘調査が行なわれ，遺跡中央の河川跡（幅12〜20m）から剣形木製品や農具など弥生時代中期を中心とする時期の木製品が大量にみつかった。剣形木製品は2点で，いずれも柄がなく刃の部分だけを表現している。ほぼ完形を残す1点は長さ25cm，幅3.4cmで，実物よりひと回り小さく作られている。もう1点は半分しか残っていないが，脊を表わす盛り上りがあるなど，細形銅剣の特徴を忠実にコピーしている。このほか鍬や臼，梯子，斧の柄や加工のある木材を合わせて約300点の木製品が出土した。同遺跡は弥生から中世までの複合遺跡で，弥生時代中・後期の竪穴住居跡4棟，溝，土器類のほか，平安末期から鎌倉時代の柱穴，溝，土器，木製品などがみつかっている。

――――――近畿地方

豊浦寺から金堂跡基壇 奈良県高市郡明日香村豊浦の豊浦（とゆら）寺跡で，県立橿原考古学研究所による発掘調査が行なわれ，同寺の金堂跡とみられる基壇遺構がみつかった。建物規模は周囲に幅約1mの石敷きをめぐらした東西18.5m，南北7m以上の大きさと推定され，飛鳥寺の東西金堂とほぼ同じ大きさ。出土した瓦には飛鳥時代のものが9点あり，うち5点は飛鳥寺建築の最終段階で使用されたと同タイプの軒丸瓦（5点のうち1点は飛鳥寺から豊浦寺へ笵が移動する段階で蓮子を彫り加えた例）で，7世紀初頭に完成した飛鳥寺のあとすぐ豊浦寺の建設が始まったことを裏づけている。豊浦寺は推古11年（603）豊浦宮から小墾田宮へ移ったのち，跡地に建てられた，僧寺の飛鳥寺と対をなす尼寺で，蘇我氏と密接な関係があるとみられている。また金堂北側の中央付近からは純金の鎮壇具（長さ約2.3cm）も発見された。

7〜8世紀の寺院跡 亀岡市馬路町の池尻遺跡西側で京都府埋蔵文化財調査研究センターによる発掘調査が行なわれ，掘立柱の建物跡2棟や溝跡，軒瓦などが発見されたことから寺院跡とみて，一帯は「池尻廃寺」と名づけられた。溝は北西部に幅2.5m，深さ0.6m，東南寄りに幅0.7m，深さ0.2mの2本が確認され，これによって一辺120m四方の敷地が区画されていたと推測された。建物跡は西寄りの1棟が東西7.2m，南北4.8mの東西棟，中央の1棟が東西3.6m，南北7.2mの南北棟で，それぞれ東西1.8m，南北2.4mの間隔で一辺0.7mの隅丸方形の柱穴が並んでいる。また軒丸瓦は蓮華文，軒平瓦は唐草文様で，7世紀末から8世紀初めごろの藤原宮式の瓦の文様と一致している。現場の周辺を坊主塚や天神塚，車塚などの大規模な古墳が囲んでいることから，この地域にいた有力豪族が氏寺として建立したのではないかとみられている。

集落跡から蓋形埴輪 京都府竹野郡網野町網野の大将軍（だいしょうご）遺跡で網野町教育委員会による発掘調査が行なわれ，古墳時代前期から中期にかけての蓋形埴輪を含む埴輪の集積遺構がみつ

発掘調査

かった。円筒埴輪や土師器とともに出土しており、蓋形埴輪は全体を復元できるものはないが、傘の部分を中心に数個体分の破片がある。蓋形埴輪が集落遺跡からみつかったのは非常に珍しい。同遺跡は網野銚子山古墳（前方後円墳）の北東200mにあり、弥生時代後期から中世にかけての複合遺跡。今回みつかった埴輪群と銚子山古墳の埴輪が酷似していることから、近くに埴輪の生産工房が存在するとみられている。

正史に載る人物名を記す土器

長岡京市埋蔵文化財センターが発掘を続けている同市神足上八ノ坪の長岡京跡から『続日本紀』や『日本後紀』に登場する貴族の名前「紀千世」と書かれた墨書土器が発見された。現場は左京六条二坊八町で、南北に走る東二坊々間小路の西側溝から須恵器の坏蓋が出土、蓋の内側に「紀千世」のほか、氏は不明だが「租人」という名前、さらに「初位」「外五位」や「物マ（部）」「二越」などの文字が書かれていた。「紀千世」は『続日本紀』や『日本後紀』に「紀朝臣千世」とある中級の貴族。天応元年（781）従五位下から始まって延暦18年（799）に弾正弼まで上がったが、それ以後は記録から消えている。字数の多さからみて習書ともみられるが、紀千世の自宅がこの周辺にあった可能性は高い。

弥生の大環濠集落跡

守山市教育委員会が発掘調査を行なった同市播磨田町の二ノ畦・横枕遺跡で弥生時代中期から後期にかけての大規模な環濠集落跡がみつかった。幅5m、深さ1.8mの大溝と幅2～3m、深さ1～1.5mの溝のほか、弥生時代後期初頭の竪穴住居跡4軒が発見されたもので、大溝の両端を延長したところ、守山市吉身町と野洲町野洲の5ヵ所でみつかっている環濠とつながったため、今回発見されたのは環濠の北端で、南北550m以上、東西400m、広さ約24haの規模の環濠遺構であることがわかった。全周が推定されるものとしては奈良県唐古・鍵遺跡（長径600m）に次ぐ大きさで、守山市内には他に下之郷遺跡（直径350m以上）、播磨田東遺跡（直径300m）も存在することから、一帯には有力な集団の存在が推定される。

紫香楽宮跡を示す木簡

滋賀県甲賀郡信楽町教育委員会が発掘調査を行なっている同町宮町の宮町遺跡で奈良時代の調の品物を記した木簡3点が出土した。うち2点は長さ28cmと21cm、残り1点は二つに折れていてそれぞれ長さ約6cm、幅はいずれも2～3cmだった。赤外線テレビで調べたところ「駿河国有度□□：□□煮堅魚八斤」「□□□□□□：□□輪鰒□」「□□□心太一古入三斗」とわかり、駿河国有度郡や上総国朝夷郡からカツオやアワビ、テングサ（心太）を納めたときの荷札とみられている。『続日本紀』には天平15年（743）10月に東海道、東山道、北陸道の3道25ヵ国の調庸物を紫香楽宮に貢納するように書かれており、平城宮跡から出土した木簡とも書式が共通していた。このため、同遺跡が推定どおり紫香楽宮跡である可能性がより強まった。

古墳時代の堰跡

三重県一志郡嬉野町中川にある片部遺跡で嬉野町教育委員会による発掘調査が行なわれ、古墳時代前期の木製の堰跡が出土した。幅8～16mの溝の中に長さ8～17mの堰が12重以上にわたり一定方向にめぐらされたもので、長さ3mの丸太を横たえ、それに組むように板と杭を地面に打ち込んでいる。さらにその下に網代、蓆、土などを入れ、上からもう一度杭を打ちつけて頑丈にしていた。ほかの溝に分水する導水路の役割も併せ備えたらしく、何度もの改修の跡がみられる。付近からはS字状口縁台付甕などの土器、手斧の柄、横槌などが出土した。なお遺跡の南東400mには前方後方墳・西山古墳がある。

――――中部地方

北九州様式の石室墳

福井県埋蔵文化財調査センターが発掘を進めている福井市天菅生町の漆谷遺跡で古墳4基が新しくみつかり、北九州様式の石室が検出された。遺跡は九頭龍川を見渡せる山際に築かれた円墳で、うち3号墳（径約9m）では石室が2基平行して検出された。初めに長さ4.2m、幅1.2mの横穴式石室（?）を造り、その次に長さ3.8m、幅0.7mの竪穴系横口式石室が築かれたとみられる。最も大きな1号墳（径約14m）は右片袖式横穴式石室が長さ8m、幅1～1.8mで、天井石はすでになくなっていたが、石室内部から楕円状鏡板付き轡、辻金具などの金銅製馬具、金を表面に張った耳飾り、管玉、ガラス玉のほか、鉄刀、鉄鏃などの武器数十点、高坏・提瓶など須恵器の完形品10点以上、石製紡錘車などが出土した。さらに2号墳（径約10m）は竪穴系横口式石室、4号墳は横穴式石室であった。竪穴系横口式石室は九州の影響が強く認められる。また古墳群が律令時代の海部郷にあり注目されている。

室町期最大級の山岳寺院

勝山市教育委員会は市内に残る白山信仰の拠点寺院である平泉寺跡で第5次発掘調査を行なった結果、室町時代の最盛期の境内は東西1.5km、南北1.3kmあり、国内でも最大規模の山岳寺院であることがわかった。今回の調査では西端部で土塁と堀がみつかったほか、北東の北大屋敷からは坊院と思われる建物跡が検出され、江戸時代の古絵図に描かれた「明王院」跡と

109

考古学界ニュース

推定されている。ここからは壺や鉢，瓦質土器，陶磁器などの破片約2,500点が出土し，中には明朝の染付壺も含まれていた。中世の平泉寺旧境内は北と東は山，南は女神川の急崖で，平泉寺の正面にあたる西側は堀や土塁で仕切られており，構口門近くでは長さ100m，幅10mの堀切の存在したこともわかった。和歌山県の根来寺や石川県の石動山などと並ぶ中世の大山岳寺院であることが判明した。

円墳に墓道 円墳としては県内最大規模を有する富山県中新川郡立山町浦田の稚児塚古墳で立山町教育委員会による発掘調査が行なわれ，円墳では初めての墓道が発見された。同墳は直径46m，高さ7.5mで，幅17mの周濠をもち，3段築成の可能性が高まった。1段目は約1.5mの高さまで斜面を利用して人頭大の河原石が並べられ，2段目は垂直に約70cmの高さに石を3，4段に積み上げた列石の構造で，3段目は葺石でおおわれていたが，中世に砦をつくる際に壊されたとみられる。墓道は1段目の葺石の斜面の上から2段目の石垣状の垂直な列石の間を結ぶもので，幅2m，長さ3.5m，最大の厚さ40cmの粘土でできた蒲鉾型をしている。また墓道はほぼ東に向かって登り道になっていた。

石敷の白鳳寺院跡 岐阜県吉城郡古川町大字杉崎の杉崎廃寺跡で古川町教育委員会による発掘調査が行なわれ，7世紀末から8世紀初頭にかけて創建された白鳳寺院跡であることがわかった。南北36m，東西37.6mの掘立柱塀で囲まれた伽藍中枢部には中門，金堂，塔，講堂，経蔵が配置され，境内全面に河原石を敷き詰めた珍しい形態で，中でも金堂，講堂，経蔵の礎石は創建当時の状態で残されていた。同寺は小規模ながら本格的な寺院形態をもっていたわけで，石敷は境内荘厳のためのようでもあり，湿地対策の地固めのようでもある。講堂基壇上の焼土中に含まれていた9世紀初頭の須恵器からそのころ罹災したとみられる。また寺域西限の南北溝から木簡や付札様木製品，木槌，建物部材，獣脚に鬼面などを線刻した火舎などが出土した。木簡残存部の文字は（表）「符　飽見□□」，（裏）「急□□」と読める。

─────関東地方

上総国府に向かう道？ 市原市文化財センターが発掘調査を進めている同市山田橋の大塚台遺跡で道幅6mの古代道路跡が発見された。道は逆台形をなし，側溝がついている。昭和60年に調査が行なわれた山田橋表遺跡の道路跡と一連のもので，上総国府推定地の同市郡本方面に延びていることから，官道ではないかと見られている。道路は3回の重複が見られ，最新の道路跡堆積土上面で，富士山の宝永大噴火（1707年）の火山灰が確認されたことから，17世紀終わりごろにはすでに埋没していたらしい。これまで同遺跡では弥生時代～奈良・平安時代の住居跡85軒，円墳1基（周溝の一部調査）などが検出され，弥生時代の銅製指輪，古墳時代の鎌・釘などもみつかっている。

将軍山古墳墳丘の全容解明 埼玉県立さきたま資料館が保存整備のため行なっていた行田市埼玉の埼玉古墳群に含まれる将軍山古墳の発掘調査が先ごろ終了した。その結果，前方部幅（68m）が後円部径（40m）よりかなり大きく発達した特殊な前方後円墳で，千葉県富津市の稲荷山古墳（内裏塚古墳群）が大きさや時期からみてもそっくりであることがわかった。以前の調査で，横穴式石室の石材が富津市金谷付近から運ばれたものであることがわかっており，富津，さきたまとの交流が濃厚であったことを証明している。また前方部のほぼ中央に長さ180cm，幅50cmの竪穴式木棺直葬跡がみつかった。追葬可能な後円部の横穴式石室と同時期につくられているだけに興味深い。また埴輪や須恵器などの出土品から，同墳の築造は6世紀後半と推定されている。

目的不明のL字型石垣 群馬県吾妻郡中之条町のJR中之条駅南に広がる伊勢町遺跡群で中之条町教育委員会による発掘調査が行なわれ，南北辺約40m，東西辺約40mの二辺で区画するL字型プランの石垣が発見された。高さは最高で約1.2mあり，ところどころに長さ3～4mの方形の張り出し部がある。同遺跡群では弥生時代から平安時代へかけての住居跡やミニ水田，平安時代の郡役所跡とみられる建物跡などが出土，奈良三彩や墨書土器，勾玉などの遺物が発見された。現場は遺跡群の南西端にあたる川端（かわはけ）遺跡C区で，南側に吾妻川，西側に胡桃沢川が流れる段丘上で，東側と北側を囲むように石垣が築かれていた。石はいずれも河原石で直径40～50cm。石垣で囲まれた内部からは建物の柱跡などはみつからなかった。火山灰の降下年代から，6世紀初めから12世紀初めに作られた遺構とみられ，軍事的性格の強い居館跡との意見もあるが，どのような目的で造られたか今のところ不明。

大小2点セットの注口土器 群馬県吾妻郡嬬恋村今井の東平遺跡で嬬恋村教育委員会による発掘調査が行なわれ，縄文時代後期中葉，加曾利B1式期の黒色磨研注口土器の大小2点が完形のまま発見された。土器は高さ23cmと16cmで，形・文様が瓜二つでセットになっていたとみられる。土器は，墳墓とみられる配石遺構（5×1.5m）下の土壙底部の，長さ

発掘調査・学界

約1m，幅70cmの石囲いに接近して出土しており，副葬品と考えられる。

──────── 東北地方

給料の米の量を記す木簡 山形県埋蔵文化財センターが発掘調査を進めている山形市今塚の今塚遺跡で年号や人名が記された9世紀半ばの木簡3点が発見された。赤外線写真による鑑定の結果わかったもので，「仁寿参年（853）六月三日」の年号や「人雄」「酒世」「中津子」などの人名のほか，「二斗八升」「二斗四升四合」などの記載があった。これは兵役に就いた者に対して給料として支払われた米の量とみられ，この木簡は役所間でとり替わされた命令書と推定される。同遺跡は古墳時代前期と平安時代の複合遺跡で，東西方向にのびる河川跡を境に，北側には古墳時代の堅穴住居跡27軒や畑跡があり，南東側では平安時代の9棟以上の掘立柱建物跡（母屋，倉庫）や井戸跡2基などがみつかった。遺物としては，人面や呪文のほか，「麗」「高」「王」などと記された平安時代の墨書土器や，紡織機などの木製品，管玉・紡錘車・硯などの石製品が出土した。

──────── 北海道地方

中世の墓からトンボ玉 後志支庁余市町大川町の大川遺跡で14世紀前後とみられる墓からトンボ玉71点が発見された。この墓（GP-608）は長さ約180cm，幅約65cmのほぼ長方形で，身長150cmほどの女性とみられる人骨1体が埋葬されていた。トンボ玉はこの人骨の足元からみつかったもので，直径は5〜10mm程度。中心に孔があいていることから紐でつながれていたと推定される。墓からはこのほか目玉模様のないガラス玉350点，針2本，中国からの渡来銭27枚も出土した。また15世紀ごろと考えられる墓からもガラス玉252点と真鍮とみられるリングにガラス玉を通したニンカリ（アイヌ民族の耳飾）2点，渡来銭45枚が発見された。この結果，余市は古代だけでなく中世においても沿海地方との交易が盛んであったことが裏づけられるとともに，北海道の日本海側における拠点であったことを彷彿とさせる。

──────── 学界・その他

日本考古学協会第60回総会 5月14日（土），15日（日）の両日，東京都小金井市の東京学芸大学（JR中央線武蔵小金井下車小平団地行バスで学芸大正門前）を会場に開かれる。第1日は講演会（芸術館）と総会，第2日は研究発表会（芸術館と新3号館の2会場）と調査速報会および図書交換会（4号館）が行なわれる。

＜講演会＞
藤本　強：近世考古学の可能性
竹内　誠：江戸の暮らしと文化

「国宝法隆寺展」 4月26日（火）より6月12日（日）まで，東京・上野の東京国立博物館で開催される。法隆寺では昭和56年より，同寺に伝存するすべての文化財を調査し，後世に伝えるための「昭和資財帳」の作成を行なってきたが，今回の特別展は十余年にわたる調査の完成を記念して開かれるもので，1993年に法隆寺は姫路城とともにユネスコの「世界文化遺産」に登録された。主な展示品は観音菩薩立像（夢違観音），阿弥陀三尊像，聖徳太子及び侍者像，四騎獅子狩文錦などの国宝のほか，考古では若草伽藍・斑鳩宮・西院・東院出土の軒丸瓦及び軒平瓦，大講堂・西院（金堂）出土の鴟尾，若草伽藍・西院（塔・金堂）出土の鬼瓦などで，総出陳数は153件668点にのぼる。なお，同館の法隆寺宝物館は改築工事のため閉館中で，再開は平成11年4月の予定。

また，同館本館では特別展観「平成6年新指定国宝・重要文化財」が4月26日（火）から5月8日（日）まで開かれる。

「漆文化」展 佐倉市の国立歴史民俗博物館で「漆文化―縄文・弥生時代」が開かれている（5月15日まで）。同展は縄文時代前期に始まる日本の漆がいかなるものであったかを具体的に示すことを目的に，装身具や藍胎漆器などの漆製品によって漆文化の華やかさを，木胎漆器や漆塗り土器によってその装飾性と機能性を，そして漆の用具や素材によって漆文化の広がりがとらえられるよう工夫されている。主な展示資料は，漆櫛工程模型，青森県亀ヶ岡出土木胎漆器・漆塗り土器，北海道著保内野出土大型土偶，青森県是川中居出土籃胎漆器・漆塗り櫛，山形県押出出土漆塗り土器・木胎漆器，埼玉県寿能出土漆塗り櫛・漆の入った土器，富山県南太閤出土漆塗りひょうたん，島根県西川津出土漆塗り櫛・漆塗り土器，長崎県原の辻出土木胎漆器など。

シンポ「古人骨は何を語るか」 日本学術会議の人類学民族学研究連絡委員会・考古学研究連絡委員会主催による公開シンポジウムが4月25日（月）午後1時より日本学術会議講堂（東京都港区六本木7―22―34）で開催される。

1　古人骨研究のいま
佐原　真：考古学の立場から
馬場悠男：人類学の立場から
2　人骨から何がわかるか
山口　敏：古人骨の形を調べる
鈴木隆雄：古人骨の病気からみた日本人
春成秀爾：埋葬・抜歯から親族関係を探る
植田信太郎：DNA分析で古人骨の何がわかるか
3　総合討論
埴原和郎・桜井清彦：問題提起とまとめ

第48号予告

1994年7月25日発売
総112頁　2,000円

特集　縄文社会と土器

- 土器と集団……………………………小林達雄
- 型式と集団（範型論）
  - 勝坂式土器の型式と集団…………今福利恵
  - 勝坂式土器の地域性………………谷口康浩
  - 三十稲場式土器の型式組成………宮尾　亨
- 様式と地域社会（様式論）
  - 土器様式と縄文時代の地域圏……山村貴輝
  - 亀ヶ岡式土器様式の地域性………鈴木克彦
  - 様式分布圏のウチとソト…………戸田哲也
- 土器の動き・人の動き
  - 北海道・御殿山遺跡………………大沼忠春
  - 群馬・房谷戸遺跡…………………山口逸弘
  - 新潟・五丁歩遺跡…………………寺崎裕助
  - 千葉・西広遺跡……………………近藤　敏
  - 東京・倉輪遺跡……………………川崎義雄
  - 東京・大森貝塚……………………安孫子昭二
  - 三単位波状口縁深鉢型土器………木下哲夫
  - 九州・四国磨消縄文系土器………澤下孝信
  - 琉球列島……………………………伊藤慎二

〈連載講座〉縄紋時代史　22………林　謙作
〈最近の発掘から〉〈書評〉〈論文展望〉
〈報告書・会誌新刊一覧〉〈学界ニュース〉

編集室より

◆いまでもそうだが，手で使用する農具は鉄（刃の部）と木（柄の部）で作られているものが多い。鋤や鍬，万能などの形は原始時代と全く似ている。人間が科学的頭脳に依拠したときから，急速に変わったとはいえ，基本的に同じ型のものが現在まで横行している。それからみるとき，手の文化，手づくりの文化としての用具の形の完成が何と早かったことかと感歎せざるを得ない。そこから生活の複雑さが増してくるにつれ種類が増えていくばかりで，なかなか用具が消失することはない。増えるばかりなのだ。手の持つ意味と限界を，この木工文化は示しているようだ。（芳賀）

◆日本の国土は今なお70％近くが森林におおわれている。これほど自然に恵まれた地形は地球全域を探しても他にはそうあるまい。こうした日本には，縄文時代（あるいは旧石器時代）から特徴ある文化が栄えた。それは木の文化である。椀鉢などの類から舟や棺などの大型品に至るまで，さまざまな製品が編み出されてきた。本特集は縄文から古墳時代に至るまでの木工品をあつかったわけだが，その特徴は各論文に充分描き出されている。折しも木製品に関連深い「漆文化展」が国立歴史民俗博物館で開催中である。（宮島）

本号の編集協力者

工楽善通（奈良国立文化財研究所技官）
1939年兵庫県生まれ。明治大学大学院修士課程修了。『弥生人の造形』（古代史復元5）『水田の考古学』（UP考古学選書）「水田と畑」（弥生文化の研究2）などの編著・論文がある。

黒崎　直（奈良国立文化財研究所技官）
1945年滋賀県生まれ。立命館大学文学部卒。『藤原京跡の便所遺構』「農具」（古墳時代の研究4）「歴史時代」（日本の人類遺跡）などの著書・論文がある。

本号の表紙

木をつなぐ術（金沢市西念南新保遺跡出土剳抜桶）

北陸以西の日本海沿岸部を中心としたところでは，弥生時代後期から古墳時代にかけての限られた時期に，一木を割り抜いて作った特殊な桶がある。外径15cm前後のものから，本図のように60cm余で，高さ70cmもの超大型品まである。底は別材をはめ込んで固定し，小型品では陣笠状の部厚い蓋がつくが，この桶はどうか？

製作時か使用中かに木目にそって縦に割れが入ってしまったため，ある間隔をおいた上・中・下の3ヵ所に，┙形の契（ちぎり）を用いて接合している。この契は，えぐり込んだところへ別材をはめ込み，すき間にはまた小片の別材がさし込まれている。本桶は杉材で，年輪年代は83 A.D.であるが，伴出した他の桶に142 A.D.があることから，紀元後2世紀中頃に伐採した木を用いたといえる。素掘りの井戸の一部に転用していた。弥生V期。

（写真提供・金沢市教育委員会）（工楽善通）

▶本誌直接購読のご案内◀

『季刊考古学』は一般書店の店頭で販売しております。なるべくお近くの書店で予約購読なさることをおすすめしますが，とくに手に入りにくいときには当社へ直接お申し込み下さい。その場合，1年分の代金（4冊，送料当社負担）を郵便振替（00130-5-1685）または現金書留にて，住所，氏名および『季刊考古学』第何号より第何号までと明記の上当社営業部まで送金下さい。

季刊 考古学　第47号　1994年5月1日発行
ARCHAEOLOGY QUARTERLY
定価 2,000円
（本体1,942円）

編集人　芳賀章内
発行人　長坂一雄
印刷所　新日本印刷株式会社
発行所　雄山閣出版株式会社
〒102　東京都千代田区富士見2-6-9
電話 03-3262-3231　振替東京 00130-5-1685

◆本誌記事の無断転載は固くおことわりします
ISBN4-639-01223-3　printed in Japan

季刊 考古学	オンデマンド版　第47号	1994年5月1日　初版発行	
ARCHAEOROGY　QUARTERLY		2018年6月10日　オンデマンド版発行	
		定価（本体2,400円＋税）	

　　　　　　編集人　　芳賀章内
　　　　　　発行人　　宮田哲男
　　　　　　印刷所　　石川特殊特急製本株式会社
　　　　　　発行所　　株式会社　雄山閣　http://www.yuzankaku.co.jp
　　　　　　　　　　　〒102-0071　東京都千代田区富士見2-6-9
　　　　　　　　　　　電話 03-3262-3231　FAX 03-3262-6938　振替　00130-5-1685

◆本誌記事の無断転載は固くおことわりします　　ISBN 978-4-639-13047-5　Printed in Japan

初期バックナンバー、待望の復刻!!
季刊 考古学 OD　創刊号〜第50号〈第一期〉

全50冊セット定価（本体 120,000 円＋税）　セット ISBN：978-4-639-10532-9
各巻分売可　各巻定価（本体 2,400 円＋税）

号　数	刊行年	特　集　名	編　者	ISBN（978-4-639-）
創刊号	1982年10月	縄文人は何を食べたか	渡辺 誠	13001-7
第 2 号	1983年 1月	神々と仏を考古学する	坂詰 秀一	13002-4
第 3 号	1983年 4月	古墳の謎を解剖する	大塚 初重	13003-1
第 4 号	1983年 7月	日本旧石器人の生活と技術	加藤 晋平	13004-8
第 5 号	1983年10月	装身の考古学	町田 章・春成 秀爾	13005-5
第 6 号	1984年 1月	邪馬台国を考古学する	西谷 正	13006-2
第 7 号	1984年 4月	縄文人のムラとくらし	林 謙作	13007-9
第 8 号	1984年 7月	古代日本の鉄を科学する	佐々木 稔	13008-6
第 9 号	1984年10月	墳墓の形態とその思想	坂詰 秀一	13009-3
第 10 号	1985年 1月	古墳の編年を総括する	石野 博信	13010-9
第 11 号	1985年 4月	動物の骨が語る世界	金子 浩昌	13011-6
第 12 号	1985年 7月	縄文時代のものと文化の交流	戸沢 充則	13012-3
第 13 号	1985年10月	江戸時代を掘る	加藤 晋平・古泉 弘	13013-0
第 14 号	1986年 1月	弥生人は何を食べたか	甲元 真之	13014-7
第 15 号	1986年 4月	日本海をめぐる環境と考古学	安田 喜憲	13015-4
第 16 号	1986年 7月	古墳時代の社会と変革	岩崎 卓也	13016-1
第 17 号	1986年10月	縄文土器の編年	小林 達雄	13017-8
第 18 号	1987年 1月	考古学と出土文字	坂詰 秀一	13018-5
第 19 号	1987年 4月	弥生土器は語る	工楽 善通	13019-2
第 20 号	1987年 7月	埴輪をめぐる古墳社会	水野 正好	13020-8
第 21 号	1987年10月	縄文文化の地域性	林 謙作	13021-5
第 22 号	1988年 1月	古代の都城―飛鳥から平安京まで	町田 章	13022-2
第 23 号	1988年 4月	縄文と弥生を比較する	乙益 重隆	13023-9
第 24 号	1988年 7月	土器からよむ古墳社会	中村 浩・望月 幹夫	13024-6
第 25 号	1988年10月	縄文・弥生の漁撈文化	渡辺 誠	13025-3
第 26 号	1989年 1月	戦国考古学のイメージ	坂詰 秀一	13026-0
第 27 号	1989年 4月	青銅器と弥生社会	西谷 正	13027-7
第 28 号	1989年 7月	古墳には何が副葬されたか	泉森 皎	13028-4
第 29 号	1989年10月	旧石器時代の東アジアと日本	加藤 晋平	13029-1
第 30 号	1990年 1月	縄文土偶の世界	小林 達雄	13030-7
第 31 号	1990年 4月	環濠集落とクニのおこり	原口 正三	13031-4
第 32 号	1990年 7月	古代の住居―縄文から古墳へ	宮本 長二郎・工楽 善通	13032-1
第 33 号	1990年10月	古墳時代の日本と中国・朝鮮	岩崎 卓也・中山 清隆	13033-8
第 34 号	1991年 1月	古代仏教の考古学	坂詰 秀一・森 郁夫	13034-5
第 35 号	1991年 4月	石器と人類の歴史	戸沢 充則	13035-2
第 36 号	1991年 7月	古代の豪族居館	小笠原 好彦・阿部 義平	13036-9
第 37 号	1991年10月	稲作農耕と弥生文化	工楽 善通	13037-6
第 38 号	1992年 1月	アジアのなかの縄文文化	西谷 正・木村 幾多郎	13038-3
第 39 号	1992年 4月	中世を考古学する	坂詰 秀一	13039-0
第 40 号	1992年 7月	古墳の形の謎を解く	石野 博信	13040-6
第 41 号	1992年10月	貝塚が語る縄文文化	岡村 道雄	13041-3
第 42 号	1993年 1月	須恵器の編年とその時代	中村 浩	13042-0
第 43 号	1993年 4月	鏡の語る古代史	高倉 洋彰・車崎 正彦	13043-7
第 44 号	1993年 7月	縄文時代の家と集落	小林 達雄	13044-4
第 45 号	1993年10月	横穴式石室の世界	河上 邦彦	13045-1
第 46 号	1994年 1月	古代の道と考古学	木下 良・坂詰 秀一	13046-8
第 47 号	1994年 4月	先史時代の木工文化	工楽 善通・黒崎 直	13047-5
第 48 号	1994年 7月	縄文社会と土器	小林 達雄	13048-2
第 49 号	1994年10月	平安京跡発掘	江谷 寛・坂詰 秀一	13049-9
第 50 号	1995年 1月	縄文時代の新展開	渡辺 誠	13050-5

※「季刊 考古学 OD」は初版を底本とし、広告頁のみを除いてその他は原本そのままに復刻しております。初版との内容の差違はございません。

「季刊 考古学　OD」は全国の一般書店にて販売しております。なるべくお近くの書店でご注文なさるさるさことをおすすめしますが、とくに手に入りにくいときには当社へ直接お申込みください。